高等学校实验室安全教育创新教材

高等学校
实验室
安全检查指南

主　编　田廷科　曹矿林　刘禹佳
副主编　徐　军　杨全中　田玉辰
　　　　唐　敏　许盈盈　田德庆
编　委（以姓氏笔画为序）
　　　　王佳文　河南工业大学
　　　　王绍华　濮阳医学高等专科学校
　　　　卢姣姣　郑州大学
　　　　田玉辰　濮阳医学高等专科学校
　　　　田廷科　濮阳医学高等专科学校
　　　　田德庆　濮阳医学高等专科学校
　　　　朱倩倩　郑州大学
　　　　刘禹佳　河南省教育厅
　　　　许盈盈　中国矿业大学
　　　　杨全中　洛阳职业技术学院
　　　　罗文萍　西南大学
　　　　徐　军　上海榕德新材料科技（集团）有限公司
　　　　唐　敏　重庆大学附属人民医院
　　　　曹矿林　郑州大学
　　　　霍　帅　郑州航空工业管理学院

图书在版编目(CIP)数据

高等学校实验室安全检查指南 / 田廷科,曹矿林,刘禹佳主编. —西安：西安交通大学出版社,2024.5
ISBN 978-7-5693-3758-7

Ⅰ.①高… Ⅱ.①田… ②曹… ③刘… Ⅲ.①高等学校—实验室管理—安全管理—指南 Ⅳ.①G642.423-62

中国国家版本馆CIP数据核字(2024)第091389号

Gaodengxuexiao Shiyanshi Anquan Jiancha Zhinan

书　　名	高等学校实验室安全检查指南
主　　编	田廷科　曹矿林　刘禹佳
责任编辑	郭泉泉
责任印制	刘　攀
责任校对	张永利
装帧设计	伍　胜
出版发行	西安交通大学出版社 (西安市兴庆南路1号　邮政编码710048)
网　　址	http://www.xjtupress.com
电　　话	(029)82668357　82667874(市场营销中心) (029)82668315(总编办)
传　　真	(029)82668280
印　　刷	陕西金和印务有限公司
开　　本	787mm×1092mm　1/16　印张　11.5　字数　242千字
版次印次	2024年5月第1版　2024年5月第1次印刷
书　　号	ISBN 978-7-5693-3758-7
定　　价	57.80元

如发现印装质量问题,请与本社市场营销中心联系。
订购热线:(029)82667874
投稿热线:(029)82668803
读者信箱:med_xjup@163.com

版权所有　侵权必究

序 一

　　高校实验室是进行人才培养、科学研究和社会服务的重要场所，其安全直接关系着师生的生命安全、学校的财产安全，以及环境与社会安全，同时也是高校实验室正常运行的基本条件。高校办学规模的扩大、科学技术的发展和实验设备的不断更新，导致高校实验室体量大、种类多、安全隐患（包括危险化学品、辐射、生物、机械、电气、特种设备、易制毒制爆材料等）分布广、重大危险源和人员相对集中、安全风险具有累加效应。近年来，高校实验室安全事故（特别是人员伤亡事故）时有发生，暴露出实验室安全管理仍存在薄弱环节。高校实验室安全工作任务艰巨，是教育系统安全工作的重点。自2015年以来，教育部连续9年组织开展了高校实验室安全检查工作。教育部主要负责组织教育部直属高校开展实验室安全检查工作，各省级教育行政主管部门主要负责地方高校开展实验室安全检查工作。教育部制定的《高等学校实验室安全检查项目表》是高校实验室安全检查工作的依据，可用于指导和评估实验室的安全情况，也可作为高校实验室安全工作的标准，为做好实验室安全工作提供明确指导。

　　《高等学校实验室安全检查指南》由田廷科、曹矿林和刘禹佳主编，对《高等学校实验室安全检查项目表》进行了合理全面、清晰准确的梳理和释读，适合作为高校实验室安全教育教材，有助于实验室管理者、工作者、学习者明确实验室安全工作要求，提高实验室安全综合素养。该书主编让我审阅、作序，我欣然接受。一方面，我觉得高校实验室安全工作是不可逾越的红线，该书编写团队先行一步，编撰了这本实验室安全教育教材，为我国实验室安全工作作出了贡献，我责无旁贷应尽绵薄之力，给他们提供支持和帮助；另一方面，该书主编既有河南省高校实验室安全检查组的专家，又有推进高校实验室安全检查的处长，自然该书反映了他们丰富的实验室安全工作经验、理念和思考，我也期待该书早日出版，帮助实验室安全管理者将实验室安全工作做实、做细,减少实验室安全隐患,降低实验室安全事故发生的风险。

《高等学校实验室安全检查指南》一书,将《高等学校实验室安全检查项目表》的每一项条款作为检查要点,进行了详细阐述,明确了实验室安全工作的要求,指出了实验室安全工作存在的误区,增加了文件参考、警示案例、知识拓展、巩固练习等实验室安全相关内容。该书选题鲜明、立意深远、内容翔实,对高校做好实验室安全工作具有十分重要的意义和价值。

作为教育工作者,看到该书即将出版,我由衷地感到高兴。通过书稿我感受到编者们对高校实验室安全工作的敬畏之心、严谨之情。他们秉承不忘教育初心、牢记立德树人的宗旨,认真研究国家有关实验室安全法律、法规,准确把握教育部对实验室安全工作的要求,不厌其细,反复推求,完成了一部编排新颖、结构合理、内容实用的实验室安全教育教材,为我国高校实验室安全管理与教育贡献了力量。鉴于此,我向该书的编者们致以最诚挚的敬意。

河南省教育厅 毛玉华

2024 年 3 月

序 二

近年来,随着教育事业的发展,尤其是新工科、新医科、新农科等新学科建设的持续推进,我国高校建立了学科较为完备的实验室体系。实验室体系的发展,使实验仪器设备设施、重要危险源等的种类、数量越来越多,越来越复杂,引发的实验室安全问题越发突出,屡禁不止的大小事故也引发了社会的关注。高校实验室安全,关系着高校教学、科研活动的顺利进行和实验人员的生命安全,关系着校园安全和社会稳定。加强高校实验室安全建设,既要重视对实验室的安全管理和对实验人员的安全教育,还要定期对实验室进行安全检查。

可喜的是,教育部在2023年出台的《高等学校实验室安全规范》中对高校实验室安全管理提出了纲领性要求,每年修订发布的《高等学校实验室安全检查项目表》也对高校实验室安全的日常管理提出了具体性指导。高校实验室安全检查是各级教育行政主管部门落实监管责任和高校落实主体责任的有效途径,是一项技术要求高、工作难度大的活动。通过实验室安全检查,识别危险源,发现安全隐患,评价风险等级,建立隐患台账,对危险源及其隐患采取有效整改和严格管控措施,有效防范和化解高校实验室安全事故,是高校实验室开展各级各类安全检查的主要目的。

由田廷科、曹矿林和刘禹佳3位专家主编的《高等学校实验室安全检查指南》,依据教育部的《高等学校实验室安全规范》和《高等学校实验室安全检查项目表》,对高校实验室安全检查项目、检查重点、常见问题等进行了详细的梳理和解读,总结出实验室安全检查工作的要点和注意事项。该书有3个基本特点:第一,编写团队涵盖高校实验室安全检查专家、管理专家、安全教育专家、实验设施设备专家、实验室一线工作人员,确保了该书的理论水平和实践指导价值;第二,该书明确了实验室安全检查的相关细化要求,指出了实验室安全工作的误区,具有很强的指导性、针对性和实用性;第三,该书借助数字传播技术,增加了文件参考、警示案例、知识拓展、巩固练习等教学资源,丰富了教材内涵和展示手段,有助于激发读者的学习兴趣,满足读者的不同学习需求。该书在高校实验室安全检查方面具有很好的指导作用和参考价值,值得广大高校实验室安全检查者、管理者、教育培训者以及实验室师生参考使用。

郑州大学

2024 年 3 月

前　言

高校实验室是开展科学研究和教学实验的重要场所。近年来，高等教育事业迅速发展，办学规模不断扩大，实验室建设迅猛推进，极大地推动了高校科研水平和教学能力的提升，同时也导致实验室安全隐患增加、风险积聚，实验室安全工作压力与日俱增。

教育部相继发布了《教育部关于加强高校实验室安全工作的意见》《高等学校实验室安全规范》等加强高校实验室安全工作的重要文件，同时也加大了实验室安全检查、事故追责的力度。各高校已采取多种有效措施加强实验室安全管理。然而，对于大多数高校来说，实验室安全存在建设欠账多、危险源风险点多、工作难点多等问题，提高高校实验室安全工作水准，是摆在实验室管理部门面前迫在眉睫且十分艰巨的任务。《高等学校实验室安全检查指南》的出版能够帮助实验室管理者解决实验室管理工作中遇到的问题，找到规范实验室安全管理的办法。本书可作为高校实验室安全教育创新教材、实验室安全课程配套教材，其读者对象为高校实验室安全责任体系中的校领导、院系领导、实验室安全管理人员以及在实验室工作、学习的师生等相关人员。

本书由田廷科、曹矿林、刘禹佳主编。编委会成员主要来自河南省教育厅、郑州大学、西南大学、河南工业大学、郑州航空工业管理学院、洛阳职业技术学院和濮阳医学高等专科学校等单位。主编田廷科、曹矿林分别在濮阳医学高等专科学校、郑州大学从事实验室管理工作，是执着的实验室安全践行者、忠实的实验室安全守护者，多次参与河南省高校实验室安全检查，在检查中常看到一些实验室管理者不能全面深刻地理解和贯彻教育部对实验室安全工作的要求，实验室安全管理存在漏洞，认为需要对《高等学校实验室安全检查项目表》进行解读，为实验室管理者做好实验室安全工作提供指导，因此组织编写了《高等学校实验室安全检查指南》一书。

本书的编写受到河南省教育厅、河南省高校实验室工作研究会的大力支持。河南省教育厅党组成员、副厅长、一级巡视员,河南省科学技术协会副主席刁玉华审阅了书稿,提出了独到而中肯的建议,并为本书作序,体现了厅领导对高校实验室安全事业的关心和支持。郑州大学实验室管理中心原主任、正处级组织员、河南省高校实验室工作研究会常务副理事长兼秘书长马国杰作为本书主审,根据高校实验室安全管理的实践,为本书的编写提供了极具价值的建议和思路,对本书的内容、质量做了把关,使本书对高校实验室安全管理工作具有很强的指导性、针对性和实用性。河南省教育厅科技与信息化处副处长刘禹佳,负责高校科技管理工作,指导河南省高校实验室安全管理工作,在高校实验室安全全覆盖、大排查,实验室安全管理风险制度建设、实验室管理能力和治理水平提升方面积累了丰富经验,为本书的编写提出了大量宝贵的指导意见,并作为主编参与了部分内容的编写。上海榕德新材料科技(集团)有限公司董事长徐军,在实验室建设与安全管理方面具有丰富的经验,为本书的编写提出了很多有益的建议,并参与了本书的编写。

教育部、各省级教育行政主管部门每年都组织开展高校实验室安全现场检查,检查的依据是教育部制定的《高等学校实验室安全检查项目表》。本书主要针对《高等学校实验室安全检查项目表》进行释读分析,明确了实验室安全检查的具体要求,指出了检查中发现的误区与隐患,可指导实验室管理者严格落实教育部组织的实验室安全检查,加强和规范实验室安全管理,将实验室安全工作落到实处、细处,减少实验室安全隐患,降低事故发生的风险。本书还列举了一段时期以来在高校发生的实验室安全事故,作为"警示案例",讲述了事故经过、事故原因和安全警示,有助于引发读者思考和警醒,从事故中吸取相关经验和教训,避免类似事故发生。本书还插入了实验室安全"知识拓展"和"文件参考"。"知识拓展"拓宽了实验室安全教育内容,有助于读者学习实验室安全知识,掌握实验室安全技能,提高实验室安全素养;"文件参考"介绍了与高校实验室安全工作相关的法律、行政法规、部门规章和国家标准,并有二维码链接支持文件下载,有助于读者查阅和深度学习,熟知实验室安全方面的法律、法规和相关政策。此外,本书在每章后还插入了"巩固练习",支持在线练习,有助于读者巩固所学内容,强化对实验室安全检查要点的掌握。

在本书的编写过程中,我们参考了大量实验室安全方面的资料,借鉴和吸收了许多有益的内容,在此向相关作者表示衷心感谢。因编者水平有限,疏漏、不足之处在所难免,故恳请实验室安全领域的专家、同行,在阅读和实践的基础上,对本书提出宝贵的意见。我们相信,在读者和作者的共同努力下,《高等学校实验室安全检查指南》这本书会不断完善,为高校实验室安全作出更大贡献。

田廷科　曹矿林　刘禹佳

2024 年 3 月

目　录

第1章　责任体系 · 1
　1.1　学校层面安全责任体系 · 1
　1.2　院系层面安全责任体系 · 4
　1.3　实验室层面安全责任体系 · 5
　1.4　安全工作奖惩机制 · 6
　1.5　经费保障 · 7
　1.6　队伍建设 · 9
　1.7　其　他 · 10

第2章　规章制度 · 12
　2.1　实验室安全管理制度 · 12
　2.2　实验室安全管理办法或细则 · 13
　2.3　安全应急制度 · 14

第3章　教育培训 · 15
　3.1　安全教育培训活动 · 15
　3.2　安全文化 · 18

第4章　安全准入 · 20
　4.1　项目安全准入 · 20
　4.2　人员安全准入 · 20
　4.3　安全风险分析 · 21

第5章　安全检查 · 23
　5.1　危险源辨识 · 23
　5.2　安全检查 · 25
　5.3　安全隐患整改 · 28
　5.4　安全报告 · 29

第6章　实验场所 · 31
　6.1　场所环境 · 31
　6.2　卫生与日常管理 · 35
　6.3　场所其他安全 · 37

第7章　安全设施 · 40
　7.1　消防设施 · 40
　7.2　应急喷淋与洗眼装置 · 43
　7.3　通风系统 · 45

7.4	门禁监控	47
7.5	实验室防爆	48

第 8 章　基础安全　49
8.1	用电、用水基础安全	49
8.2	个体防护	52
8.3	其　他	55

第 9 章　化学安全　58
9.1	危险化学品储存区	58
9.2	危险化学品购置	60
9.3	实验室化学品存放	62
9.4	实验操作安全	68
9.5	管制类化学品管理	70
9.6	实验气体管理	76
9.7	实验室化学废弃物的收集、分类和转运	81

第 10 章　生物安全　87
10.1	实验室生物安全等级	87
10.2	场所与设施	91
10.3	病原微生物的获取与保管	94
10.4	人员管理	97
10.5	操作与管理	99
10.6	实验动物安全	102
10.7	生物实验废物处置	105

第 11 章　辐射安全与核材料管制　108
11.1	资质与人员要求	108
11.2	场所设施与采购运输	111
11.3	放射性实验安全及废物处置	114

第 12 章　机电等安全　117
12.1	仪器设备常规管理	117
12.2	机械安全	120
12.3	电气安全	123
12.4	激光安全	125
12.5	粉尘安全	127

第 13 章　特种设备与常规冷热设备　129
13.1	起重类设备	129
13.2	压力容器	132
13.3	场（厂）内专用机动车辆	135
13.4	加热及制冷装置管理	136

附　录　高等学校实验室安全检查项目表（2024 年）　142

参考文献　169

第1章

责任体系

实验室安全责任体系,是指在实验室安全管理工作中,各部门及个人在实验室安全工作中承担的责任和义务。在高校实验室安全工作的落实与开展过程中,建立实验室安全责任体系是第一要务。实验室安全管理制度及工作要求的落实和实现,要求必须建立相应的管理机构和管理体系,明确各级管理者的职能和责任。高校要将安全工作摆在各项相关工作的首位,将实验室安全作为不可逾越的红线,严格按照"党政同责、一岗双责、齐抓共管、失职追责"和"管行业必须管安全、管业务必须管安全"的要求,进一步细化学校、院系、实验室三级联动的实验室安全管理责任体系,逐级落实实验室安全责任。

实验室安全责任体系包括学校层面安全责任体系、院系层面安全责任体系、实验室层面安全责任体系、安全工作奖惩机制、经费保障、队伍建设、其他等7个方面,涉及实验室安全检查项目18个、检查要点20个,提出了落实学校、院系、实验室层面安全管理责任体系的经费保障、队伍建设、信息化手段管理、安全工作档案归档等方面的具体要求,以夯实实验室安全工作的基础,为高校教学、科研工作保驾护航。

1.1 学校层面安全责任体系

根据"谁使用、谁负责,谁主管、谁负责"的原则,建立学校层面实验室安全责任体系,将实验室安全责任逐级落实到岗位、落实到人头、贯穿到全部环节。学校党委应统筹实验室安全工作,将实验室安全工作纳入学校事业发展规划中,成立实验室安全工作领导小组,明确一个职能部门牵头负责实验室安全工作,学校领导与院系负责人签订实验室安全责任书。

1.1.1 实验室安全工作纳入学校决策研究事项

【检查要点】

学校应统筹管理实验室安全工作,将实验室安全工作纳入学校事业发展规划中。学校应将实验室安全建设与管理工作纳入学校安全整体工作中,同规划、同部署。校务会议、党委常委会议是学校重大事项的决策形式。学校要召开校务会议、党委常委会议,审议学校实验室安全工作规章制度,研究决定实验室安全工作重大事项,指导和督查相关职能部门履行实验室安全相关职责。有学校相关会议(校务会议、党委常委会会议等)纪要;内容包含实验室安全工作[(1)①]。

【误区提示】

(1)未将实验室安全工作纳入学校事业发展规划中,学校年度工作计划未体现实验室安全工作。

(2)无将实验室安全工作纳入学校决策事项的相关会议的记录、纪要。

文件参考

《中华人民共和国安全生产法》

《中华人民共和国安全生产法》于 2002 年 6 月 29 日由中华人民共和国主席令第七十号公布,自 2002 年 11 月 1 日起施行,根据 2021 年 6 月 10 日第十三届全国人民代表大会常务委员会第二十九次会议《关于修改〈中华人民共和国安全生产法〉的决定》第三次修正。本法是为了加强安全生产工作,防止和减少生产安全事故,保障人民群众生命和财产安全,促进经济社会持续健康发展而制定,适用于在中华人民共和国领域内从事生产经营活动的单位的安全生产。

扫码下载

1.1.2 有校级实验室安全工作责任人与领导机构

【检查要点】

学校应有校级正式发文,明确校级实验室安全工作责任人。高校党政主要负责人是实验室安全工作的第一责任人。分管实验室工作的校领导是实验室安全工作的重要领导责任人,应协助第一责任人负责实验室安全工作。其他校领导在分管工作范围内对实验室安全工作负有支持、监督和指导职责。

学校应有校级正式发文,设立校级实验室安全工作领导机构,明确其部门组成和工作职责。校级实验室安全工作领导机构的机构负责人(主任)应由学校党政负责人担任,副主任可由分管实验室工作的校领导及其他校领导担任。学校的相关职能部门应参与该机构,并有明确的机构职责。该机构的办公室应设在学校的实验室安全主管职能部门处,以作为实验室安全的日常管理机构[(2)]。

【误区提示】

(1)学校未正式发文明确党政主要负责人是实验室安全工作的第一责任人;学校未正式发文设立校级实验室安全工作领导机构。

---

① (1)指本部分所对应的《高等学校实验室安全检查项目表》(见附录)检查要点的序号。下同。

(2）学校设立有校级实验室安全工作领导机构，但是实验室安全工作的第一责任人不是党政主要负责人。

（3）学校设立有校级实验室安全工作领导机构，但相关职能部门和责任人没有明确的工作职责及分工。

1.1.3 有明确的实验室安全管理职能部门

【检查要点】

学校须有 1 个明确的处级牵头职能部门负责实验室安全工作，其他相关职能部门分工合作。实验室安全主管职能部门负责制定实验室安全管理的政策、规章制度和工作计划，负责全校实验室安全工作的推进、监督、检查，以及实验室安全工作的落实，其他相关职能部门密切配合落实实验室安全工作[3]。

【误区提示】

（1）未明确实验室安全管理牵头职能部门，将实验室安全工作放到其他处室管理。

（2）有多个部门管理实验室安全工作，缺少牵头职能部门，各部门在实验室安全管理工作中相互推诿、相互扯皮，使得实验室安全工作的开展不能做到统筹协调。

1.1.4 学校与院系签订实验室安全责任书

【检查要点】

实验室安全责任书一般是在高校内部上级与下级之间签署的类似安全责任状的文件，重点强调下一级单位或个人承担的实验室安全责任。学校与院系签订实验室安全责任书，由学校实验室安全第一责任人或授权的分管校领导签字，并盖学校公章，院系单位由第一责任人签字，并盖院系公章。档案或信息系统里有现任学校领导与院系领导签字、盖章的实验室安全责任书。实验室安全责任书中要有明确的实验室安全管理内容及要求，主要明确院系及其主要负责人承担的实验室安全责任。针对不同院系涉及的实验学科大类不同的情况，实验室安全责任书的条款应有区别[4]。

【误区提示】

（1）档案或信息系统无现任学校领导与院系领导签字、盖章的实验室安全责任书。

（2）学校与院系签订了实验室安全责任书，但是主管实验室安全工作的校领导没有签字，而是由职能部门负责人代签。

（3）责任书上未盖学校公章和院系公章；院系领导让分管负责人签字，第一责任人未签字。

> **文件参考**
>
> **《教育部关于加强高校实验室安全工作的意见》**
>
> 2019年5月22日,教育部印发《教育部关于加强高校实验室安全工作的意见》(教技函〔2019〕36号),要求各地、各高校深入贯彻落实党中央、国务院关于安全工作的系列重要指示和部署,深刻吸取事故教训,切实增强高校实验室安全管理能力和水平,保障校园安全稳定和师生生命安全。
>
>
>
> 扫码下载
>
> **《教育部办公厅关于开展加强高校实验室安全专项行动的通知》**
>
> 2022年12月8日,教育部办公厅发布《教育部办公厅关于开展加强高校实验室安全专项行动的通知》,要求各地、各高校全面落实《教育部关于加强高校实验室安全工作的意见》和《教育系统安全专项整治三年行动实施方案》,进一步做好高校实验室安全工作,切实盯紧安全薄弱环节,补齐安全管理短板,强化安全风险防控和隐患排查治理,全面落实责任体系建设,坚决防范遏制安全事故发生,维护师生生命安全,保障校园安全稳定。
>
>
>
> 扫码下载

1.2 院系层面安全责任体系

院系承担本单位实验室安全建设与管理的主体责任,应建立完善的实验室安全责任体系,建立院系实验室安全工作队伍,签订院系实验室安全责任书,将实验室安全责任落实到人。

1.2.1 有院系实验室安全工作队伍

【检查要点】

院系应建立实验室安全工作队伍,承担本部门的实验室安全管理工作。院系实验室安全工作队伍由院系党政负责人、分管实验室安全的领导、院系实验室安全助理或安全主管、实验室负责人、实验室安全员等共同组成,院系党政负责人为实验室安全工作的主要领导责任人[5]。

院系应成立实验室安全工作领导小组,且有明确的岗位职责。由院系党政负责人任组长,分管实验室安全工作的负责人任副组长,成员包括研究所负责人、教研室负责人、实验室负责人、实验室安全秘书等。对院系实验室安全工作领导小组要有带文号的院系文件,如党政联席会/办公会等纪要、通知或制度等明确其内容[6]。

【误区提示】

(1)院系党政负责人不是实验室安全工作的主要领导责任人,而由副职及其他人员负责。

(2)无带文号的院系文件明确实验室安全工作的主要领导责任人及其牵头实验室安全工作的文件。

1.2.2 院系签订实验室安全责任书

【检查要点】

要明确实验室使用过程中的责任和义务,院系签订实验室安全责任书非常重要。院系与所辖各实验室负责人、实验用房负责人逐级签订实验室安全责任书,切实将实验室安全责任落实到位、落实到人。有文件资料和网络档案证明院系签订了实验室安全责任书。院系下的研究所(中心)、教研室及具体的实验室等机构应有安全责任人,所有的实验室房间都要有明确的安全责任人[7]。

【误区提示】

(1)院系未签订实验室安全责任书,缺乏具体落实、责任到人的文件资料和网络档案证明。

(2)院系已签订实验室安全责任书,但是实验室安全责任书的内容不全面,缺乏针对性和可操作性。

1.3 实验室层面安全责任体系

实验室层面安全责任体系是实验室安全三级责任体系的重要内容,有助于将实验室安全责任落实到项目负责人及实验人员。

1.3.1 明确实验室层面各级责任人及其职责

【检查要点】

实验室负责人是本实验室安全工作的直接责任人,应严格落实实验室安全准入、隐患整改、个体防护等日常安全管理工作,切实保障实验室安全;项目负责人(含教学课程任课教师)是项目安全的第一责任人,须对项目进行危险源辨识和风险评估,并制定防范措施及现场处置方案,方可开展实验活动;实验室负责人应指定具体的实验室安全员,由其负责本实验室的日常安全管理[8]。

【误区提示】

(1)实验室层面各级责任人未落实工作职责。

(2)实验室未指定具体的实验室安全员负责实验室日常安全管理。

1.3.2 实验室层面签订实验室安全责任书

【检查要点】

实验室负责人与相关实验人员签订实验室安全责任书,将实验室安全责任落实到人[9]。

【误区提示】

实验室负责人与相关实验人员未签订实验室安全责任书。

知识拓展

实验室安全管理责任体系

实验室安全管理制度及要求是每一位实验室相关人员必须遵守的,要有效地落实和实现,就需要建立相应的管理责任体系,明确各级人员的职能和责任。学校实验室安全管理责任体系通常分三级,即学校管理层、学院管理层、实验室管理层。

(1)学校管理层:由主管校领导、实验室安全管理领导小组(委员会)、主管职能部门组成,主要职责为全面贯彻落实国家关于高校实验室安全工作的法律、法规,组织制定实验室安全工作规章制度、责任体系和应急预案,督查和协调解决实验室安全工作中的重要事项等。

(2)学院管理层:由院级领导、院级实验室负责人、实验室安全员组成,主要职责为建立健全本单位实验室安全责任体系和规章制度,进行实验室安全检查,落实安全隐患整改,组织本单位实验室安全教育培训等。

(3)实验室管理层:由实验室负责人(主任)、实验室安全员组成,主要职责为落实实验室安全管理责任到人,落实实验室日常安全检查工作,及时整改安全隐患,加强实验人员管理和安全教育培训。

1.4 安全工作奖惩机制

学校应建立实验室安全工作奖惩机制,将实验室安全工作纳入工作考核内容,落实问责追责机制。

1.4.1 奖惩机制落实到岗位或个人

【检查要点】

学校应制定实验室安全奖惩管理办法,建立安全工作奖惩机制和问责追责机制。学校应将实验室安全工作纳入内部检查、日常工作考核和年终考评内容。学校对在实验室安全工作中成绩突出的单位和个人,应给予表彰和奖励;学校对履职尽责不到位的个人和所在单位,应给予批评和惩处,情节严重的交由相关单位追究其法律责任[10]。

【误区提示】

学校无明确的实验室安全奖惩管理办法,未将实验室安全工作纳入奖惩管理。

1.4.2 依法依规进行事故调查和责任追究

【检查要点】

高校发生实验室安全事故后,要对发生的安全事故依法依规开展事故调查,严肃追究责任单位及责任人的事故责任。对于实验室安全责任制度落实不到位,安全管理存在重大问题,安全隐患整改不及时、不彻底的单位,学校上级主管部门应会同纪检监察机关、组织人事部门和安全生产监管部门,按照各部门权限和职责分别提出问责、追责、建议。若有实验室安全事故发生,则应有事故调查执行情况的材料[11]。

【误区提示】

未对发生的实验室安全事故开展责任倒查。

> **文件参考**
>
> **《教育部直属高校实验室安全事故事件追责问责办法(试行)》**
>
> 2022年9月17日,教育部发布《教育部直属高校实验室安全事故事件追责问责办法(试行)》(教科信〔2022〕4号)。本办法适用于因违反相关管理规定或未履行安全管理职责等行为造成实验室安全事故事件的追责问责。各高校制定实验室安全事故事件追责问责办法可参照本办法。
>
>
>
> 扫码下载

1.5 经费保障

实验室安全经费支出是保障实验室安全的物质基础。学校应每年做好实验室安全常规经费预算,以保障安全工作正常运行。学校应有专项经费投入实验室建设,同时确保安全隐患整改工作及时落实。院系应通过多元化投入,加强实验室安全建设与管理。

1.5.1 学校每年有实验室安全常规经费预算

【检查要点】

学校每年都要有实验室安全常规经费预算,学校职能部门有预算审批凭据,证明有专款用于实验室安全工作。学校实验室安全常规经费预算的用途主要包括实验室安全检查、实验室安全培训、实验室安全文化、实验室危险废物处置、应急物资配备等[12]。

【误区提示】

(1)学校未安排实验室安全常规经费预算或不能提供预算审批凭据。

(2)学校已安排实验室安全常规经费预算,但经费预算过少,不能保障实验室安全管理工作的有序开展。

1.5.2 学校有专项经费投入实验室安全工作,重大安全隐患整改经费能够落实

【检查要点】

学校职能部门有支出凭据,可证明有专项经费用于实验室安全工作,尤其是用于重大安全隐患整改项目。专项经费是相对于常规经费来说的,是根据实验室安全建设需要增设的专项经费,例如,专门用于实验室通风系统建设、气路建设与改造、实验室监控系统建设、实验室安全信息化建设的经费,专门用于购买危险化学品专用试剂柜、药品柜、气瓶柜、通用防护装备及个体防护装备等的经费。对于上级督查、学校自查发现的重大安全隐患,学校要及时落实专项经费以进行整改,并有相关文件和财务支出凭据[13]。

【误区提示】

(1)近几年,学校没有安排专项经费用于实验室安全建设与管理,无法提供支出凭据。

(2)对于上级督查、学校自查出的重大安全隐患,没有投入专项经费落实整改。

1.5.3 院系有自筹经费投入实验室安全建设与管理

【检查要点】

院系自筹经费是院系从本单位经费中自行安排用于实验室安全建设与管理的经费,主要用于实验室安全培训、安全隐患整改以及安全设施安装或改造等。院系有支出凭据,证明有自筹经费用于实验室安全工作[14]。

【误区提示】

(1)院系没有投入经费用于本单位的实验室安全建设与管理,无法提供支出凭据。

(2)院系经费严重不足,不能满足本单位基本实验室安全业务的开展。

知识拓展

实验室安全事故发生的原因

弗兰克·博德(Frank Bird)在海因里希事故因果连锁理论的基础上,提出了现代事故因果连锁理论。该理论认为:事故的直接原因是人的不安全行为、物的不安全状态;间接原因包括个人因素及与工作有关的因素;根本原因是管理的缺陷,即管理上存在的问题或缺陷是导致间接原因存在的原因,间接原因的存在又导致直接原因存在,最终导致事故发生。

人的不安全行为主要包括实验人员安全意识淡薄,安全知识或安全技能缺乏,不遵守安全操作规程,实验操作不规范、不正确,个体防护不当,实验习惯不良,行为动机不正确,生理或心理有问题等因素。据研究发现,90%的安全事故是由人为因素造成的。

物的不安全状态主要包括实验室规划设计不合理,实验室面积紧张,设备密集,公用设施超负荷运转,人员操作、设备运转的安全距离无法保证等。部分实验室还存在设备陈旧、设备线路老化、实验室安全应急设施缺乏等安全隐患。化学实验室存在种类繁多的危险化学品及气瓶、反应釜等压力容器。大量的实验要在高温、高压或超低温、强磁场、真空、微波辐射、高电压、高转速等特殊的环境和条件下进行,潜在的危险源数量极多。

管理上的缺陷主要体现在:安全制度不健全,奖罚不明;管理人员不足、不专业或管理人员对安全责任认识不够,对安全管理工作重视不够,工作敷衍了事。

1.6 队伍建设

实验室安全队伍建设是保障实验室安全运行的重要环节。保障实验室安全,最重要的是实验室安全管理到位,管理到位的关键是建立一支人员稳定、技术过硬、认真负责、吃苦耐劳、爱岗敬业的管理队伍,为实验室安全工作提供充足的人力保障。

1.6.1 学校根据需要配备专职或兼职的实验室安全管理人员

【检查要点】

学校应积极推进专业的实验室安全队伍建设,保障实验室安全队伍稳定和可持续发展。有重要危险源,即有毒有害(剧毒、易制爆、易制毒、爆炸品等)化学品、危险(易燃、易爆、有毒、窒息、高压等)气体、动物及病原微生物、辐射源及射线装置、同位素及核材料、危险性机械加工装置、强电强磁与激光设备、特种设备等的高校应依据工作量,在校级管理机构配备足够的专职实验室安全管理人员[15]。

有重要危险源的院系应依据工作量配备专职实验室安全管理人员;文、管、艺术类、数学及信息等院系应配备兼职实验室安全管理人员[16]。

【误区提示】

(1)校级管理机构或院系未设专职或兼职的实验室安全管理人员。
(2)校级管理机构或院系有实验室安全管理人员,但是未开展工作。
(3)校级管理机构、院系的专职实验室安全管理人员,兼顾大量教学、科研、行政等其他工作,没有精力投入实验室安全工作。

1.6.2 有校级实验室安全检查队伍,可以由教师、实验技术人员组成,也可以利用有相关专业能力的社会力量

【检查要点】

学校有校级实验室安全检查队伍,定期开展实验室安全检查,并提出检查报告和整改意见。实验室安全检查队伍有成立文件或聘用文件,并有经费保障,以确保检查队伍正常开展工作。主管部门要定期与检查队伍成员交流,统一规范实验室安全检

查工作。每一次检查活动要有文字、照片等工作记录。对检查工作要及时总结,协助发布通报,督促整改[17]。

【误区提示】

(1)学校成立了实验室安全检查队伍,但成立文件或聘任文件不规范。
(2)实验室安全检查队伍未开展工作,没有开展检查活动的记录或记录不完整。

1.6.3 各级主管实验室安全的负责人、管理人员及技术人员到岗 1 年内须接受实验室安全培训

【检查要点】

学校、主管职能部门、院系、实验室分管实验室安全的负责人、管理人员及技术人员上岗 1 年内须接受实验室安全培训,并取得培训合格证书/结业证书或学时证明,有培训记录(证书、电子文档、书面记录)等证明培训及合格情况[18]。

【误区提示】

学校没有安排各级主管实验室安全的负责人、管理人员及技术人员及时参加各级各类实验室安全培训,无培训记录等证明培训及合格情况。

1.7 其 他

1.7.1 采用信息化手段管理实验室安全

【检查要点】

学校要建立实验室安全信息管理系统用于实验室安全管理。实验室安全信息管理系统应包括院系单位、实验室房间、人员、安全风险点与防控、安全检查、安全考试与准入等信息及功能。实验室安全信息管理系统能有效运行,有各种统计功能,对信息要及时更新,对危险化学品的采购、储存要实行信息化管理。学校应利用实验室安全监控和门禁等现代化手段,实现实验室智能化管控[19]。

【误区提示】

(1)学校未建立实验室安全信息管理系统。
(2)学校建立了实验室安全信息管理系统,但是系统运行不正常,信息更新不及时,没有在实验室安全管理中发挥作用。

1.7.2 建立实验室安全工作档案

【检查要点】

实验室安全工作档案是指与实验室安全工作有关的文件、资料、记录。实验室安全工作档案的建立和完善可以规范实验室安全管理工作,保证实验室安全管理质量,使实验室安全管理留痕。实验室安全工作档案的完整性也体现出实验室安全管理的

规范性,是迎接上级主管部门实验室安全检查的重要材料。学校应根据《高校实验室安全检查项目表》对归档文件进行规范分类,建立实验室安全工作档案。归档文件包括责任体系、队伍建设、安全制度、奖惩、教育培训、安全检查、隐患整改、事故调查与处理、专业安全、其他相关的常规或阶段性工作归档资料等。档案分类规范合理,有总目录和分盒目录,并归档装盒,便于查找。学校和院系都要建立完善的实验室安全工作档案。其中,对院系的实验室安全管理制度、领导机构设置、年度工作报告等重要的实验室安全工作档案,应报学校主管部门备案[20]。

【误区提示】

(1)学校未建立规范的实验室安全工作档案,上级检查时,不能提供重要的实验室安全工作档案。

(2)档案盒没有总目录、分盒目录,目录无序号,档案资料缺乏系统性、完整性,查阅不方便。

警示案例

北京某高校实验室粉尘爆炸造成现场3名学生死亡

事故经过:

2018年12月26日,北京某高校市政环境工程系学生在学校东校区2号楼实验室内进行垃圾渗滤液污水处理科研实验时引发爆炸,事故造成3名参与实验的学生(2名博士研究生和1名硕士研究生)死亡。2019年2月13日,公安机关对事发科研项目负责人李某和事发实验室管理人员张某依法立案侦查,追究刑事责任。根据干部管理权限,经教育部、该校研究决定,对学校党委书记曹某、校长宁某、副校长关某等12名干部及土木建筑工程学院党委进行问责,并分别给予党纪、政纪处分。

事故原因:

在使用搅拌机对镁粉和磷酸搅拌、反应过程中,料斗内产生的氢气被搅拌机转轴处金属摩擦、碰撞产生的火花点燃并发生爆炸,继而引发镁粉粉尘云爆炸,爆炸引起周边镁粉和其他可燃物燃烧。事故调查组同时认定,该学校有关人员违规开展实验、冒险作业,违规购买、违法储存危险化学品,对实验室和科研项目安全管理不到位。

安全警示:

高校应加强对危险化学品购买、运输、储存、使用的管理;健全科研项目安全管理各项措施,建立科研项目安全风险评估体系,对科研项目实验所需的危险化学品、仪器器材和试验场地进行备案审查;对实验人员开展危险化学品、安全培训和应急演练。

第1章巩固练习

(曹矿林 田廷科)

第 2 章

规章制度

规章制度是指在组织机构中,为了管理和约束成员的行为而制定的一系列规则和规定。健全的规章制度能保证实验室安全管理有法可依、有章可循,能有效加强实验室的安全管理,确保实验室安全管理的科学性,提高安全管理工作效率,也是衡量实验室安全管理质量的重要标准。

本章包括实验室安全管理制度、实验室安全管理办法或细则、安全应急制度等3个方面,涉及实验室安全检查项目3个,检查要点3个,明确了校级、院系级实验室安全管理体系的异同和侧重点,对实验室安全管理制度的建立提出了具体的指导建议。

2.1 实验室安全管理制度

实验室安全管理制度是实验室安全工作正常进行的基本保证,是实施一切实验室安全管理行为的依据。

2.1.1 学校和院系应有正式发文的实验室安全管理制度

【检查要点】

学校应制定校级实验室安全管理制度,并正式发文。其内容一般应包括上位法依据、实验室范围、安全管理原则、组织架构、责任体系、奖惩、事故处理、责任与追究、安全文化等要素。校级实验室安全管理制度是全校实验室安全管理的纲领性文件,各校可根据自身的特点就有关内容进行细化、具体化,另行制定实验室安全管理办法或细则。

各院系建有院系特色的实验室安全管理制度,包括安全检查、风险评估、实验室准入、应急预案、安全培训等内容。制度文件应有院系正式发文,并充分考虑学科特点和实验用途,及时修订更新。制度文件应具有可操作性或实际管理效用[21]。

实验室安全管理制度主要包括以下几个方面:安全检查制度、安全教育培训与准入制度、项目风险评估与管控制度、危险源全生命周期管理制度、安全应急制度、实验室安全事故上报制度等。

【误区提示】

（1）未建立正式发文的校级实验室安全管理制度；已建立校级实验室安全管理制度，但是制度落实不够。

（2）院系未制定适合本单位的实验室安全管理制度；院系实验室安全管理制度不够完善，可操作性不强。

> **文件参考**
>
> **《高等学校实验室工作规程》**
>
> 《高等学校实验室工作规程》于 1992 年 6 月 27 日由国家教育委员会令第 20 号公布，自 1992 年 6 月 27 日起施行。《高等学校实验室工作规程》是为了加强高等学校实验室的建设和管理，保障学校的教育质量和科学研究水平，提高办学效益，由国家教育委员会（现为教育部）制定。本规程对高校实验室安全工作有具体的规定。
>
>
> 扫码下载
>
> **《高等学校实验室安全规范》**
>
> 2023 年 2 月 8 日，教育部办公厅印发了《高等学校实验室安全规范》（教科信函〔2023〕5 号）。本规范是一部旨在强化高校实验室安全工作的规范，能为高校实验室安全工作提供明确的指导。教育部要求各高校遵照执行。
>
>
> 扫码下载

2.2 实验室安全管理办法或细则

科学规范的实验室管理制度可以提高实验室的标准化管理水平，学校应细化各类实验室安全管理办法，制定各类专业安全规定。

2.2.1 有正式发文的实验室安全管理办法或细则

【检查要点】

学校或职能部门依据危险源情况制定实验室分级分类、准入管理、安全检查、奖惩以及各类专业安全等实验室安全管理办法或细则，并正式发文。校级实验室安全管理办法或细则一般包括实验室安全检查制度、实验室安全奖惩与问责制度、实验室安全教育与实验室准入制度、实验室分级分类管理制度、危险源周期管理制度以及各类专业安全管理规定等。上述制度文件有学校正式发文号，具有可操作性或实际管理效用[22]。

【误区提示】

（1）各类校级实验室安全管理制度不全面。

(2)有的制度无正式发文号,或未及时更新。

2.3　安全应急制度

学校、院系、实验室须制定应急预案,建立健全预警和应急机制,当事故发生后,能及时控制和妥善处置实验室突发安全事故。

2.3.1　学校、院系、实验室有相应的应急预案

【检查要点】

学校要根据专业特点和风险统筹制定实验室安全事故应急处置预案并定期开展应急演练;对实验室专职管理人员定期开展应急处置知识学习和应急处理培训,配齐配足应急人员、物资、装备和经费,确保应急功能完备、人员到位、装备齐全、响应及时,保证实验防护用品与装备、应急物资的有效性。实验室安全事故应急预案由学校正式发文,应具有较强的可操作性,且在适当范围内公开。

院系和实验室应制定体现学科特色、具有操作性的应急预案,配备相应的应急设备和应急物资,开展应急预案的学习和演练[23]。

【误区提示】

(1)学校未制定安全事故应急处置预案,或实验室安全事故应急处置预案不能覆盖学校所有的实验室安全风险,实验室突发事故应急预案的实操性不强,未公开。

(2)院系未建立具有学科特色的应急预案,或建立了应急预案,但应急预案内容不全、修订不及时、操作性不强,且未开展应急预案的学习和应急演练。

第 2 章巩固练习

（田廷科　田德庆）

第3章

教育培训

实验室安全教育培训是保证实验室安全的关键措施，不仅能使个人终身受益，而且能促进学校安全文化建设。高校要按照"全员、全面、全程"的要求，建立实验室安全教育培训体系，将实验室安全教育纳入学生的培养环节中，明确涉及实验风险的各级各类学生的培养要求，持之以恒地抓好实验室安全教育培训，做到安全教育的"入脑入心"。

本章包括安全教育培训活动、安全文化等2个方面，涉及实验室安全检查项目6个、检查要点9个，对实验室安全课程开设、教育培训、应急演练、安全考试、安全文化、安全隐患举报等方面提出了具体要求，对于学校安全教育培训活动的开展、安全文化氛围的营造具有重要的指导意义。

3.1 安全教育培训活动

通过系统的实验室安全教育培训活动，培养实验人员的安全意识、安全技能，提升安全防范能力。要将安全教育培训作为日常安全检查的必查内容，对安全责任事故一律倒查安全教育培训责任。

3.1.1 开设实验室安全必修课或选修课

【检查要点】

开设实验室安全必修课或选修课是提高师生实验室安全能力和水平的重要任务。高校要针对不同学科、专业实验，明确课程结构，设置教学大纲，开展教材编写，做好课程设置等工作，加强实验室安全专家与师资队伍的教育培训。对于有重要危险源（详见《高等学校实验室安全检查项目表》第15目）的院系和专业，要开设有学分的安全教育必修课，或将安全教育课程纳入必修环节，其他专业开设安全教育选修课。学校应建立完备的实验室安全准入教育课程体系，实验室安全课程的教学内容应覆盖实验室安全的通识教育、专业安全防护、基础设施使用、环境保护及健康防护等方面。学校应按照必修课、选修课或培训的方式，将实验室安全准入教育培训纳入人才培养方案[24]。

实验室安全准入教育应分级分类实施。有重要危险源、安全隐患较大的院系应开设安全教育必修课,必修课不低于 1 学分,即 16 学时;其他院系可开设安全教育选修课,选修课 0.5 学分,不低于 8 学时,也可采用培训方式进行,安全教育培训不能低于 4 学时。学校、院系应加强实验室安全课程建设,培养、配备合格的师资讲授课程。院系应根据自身实验室的特点制定实验室安全教育大纲,编写实验室安全教育学案,开设实验室安全教育课程。实验室应编制实验室安全操作规程或实验室安全手册,并实施培训。

【误区提示】

(1)涉及重要危险源的院系和专业未开设安全教育必修课。

(2)未编写或未选用适合本专业特色的实验室安全教育教材。

(3)受学分、师资和场地等限制,安全课程覆盖率偏低。

3.1.2 开展安全教育培训活动

【检查要点】

1. 校级层面安全教育培训

学校应制定年度安全教育培训计划,并严格落实。学校每年要开展全校教职工和学生安全教育培训活动,并有档案证明开展了实验室安全教育培训活动。学校应将实验室安全教育纳入教职工继续教育范围,将学生的安全教育培训与实验室准入教育进行有机结合。实验室安全培训包括高校自行开展的培训、国家有关部门和学术团体开展的培训等[25]。

2. 院系层面安全教育培训

院系应建立实验室安全准入制度,结合专业和学科特点开展安全教育培训活动,培训内容包括危险化学品安全、生物安全、特种设备安全等。院系应积极发挥教授在专业安全培训方面的作用,特别是教授对所带领的科研团队涉及的实验室安全风险,要担负起责任,做好科研团队成员的实验室安全培训和准入教育。院系应加强对实验人员的教育培训,重点关注外来人员、研究生和新生[26]。

【误区提示】

(1)学校未制定年度实验室安全教育培训计划,或有计划,但未严格落实。实验室安全教育培训记录不完善,无档案材料。

(2)院系无档案证明开展安全教育培训活动,尤其是安全风险高的专业和学科未开展有针对性的安全教育培训活动。

3.1.3 开展结合学科特点的应急演练

【检查要点】

学校、院系应制定年度应急演练计划并实施,每年开展校级实战应急演练不少于 1 次。学校、院系应根据实验室的特点开展应急演练,如危险化学品泄漏应急处置、消防演练、实验室安全事故应急救援等应急演练[27]。

【误区提示】

(1)未进行有效的应急演练,不能提供实际演练的支撑材料。

(2)学校仅开展消防演练,未开展其他专项应急演练。

3.1.4 组织实验室安全知识考试

【检查要点】

1. 实验室安全知识考试系统

学校应建设符合本校特点的实验室安全知识考试系统,并具有针对不同专业、不同人群的考试功能。实验室安全知识考试系统包括学习、模拟考试、网上测试等模块。

2. 实验室安全题库

学校应组织建设实验室安全题库,也可通过采购定制的方法建立题库。题库内容包含通识类安全知识和各专业学科分类安全知识、安全规范、国家相关法律法规、应急措施等。对题库内容应及时进行更新。

3. 实验室安全学习考试

从事实验工作的学生、教职工及外来人员均须参加实验室安全学习考试。一般90分为考试合格。学校对考试合格者发放合格证书,有实施考试的记录(包括合格证书发放记录和考试统计表)[28]。

【误区提示】

(1)学校未建设实验室安全考试系统。

(2)实验室安全题库的内容不符合学校的实际情况,对试题未按不同专业和人群特点进行设置。

(3)学校未开展新教职工入职培训和新生入学教育,未开展实验室安全考试;学校开展了考试,但实验室安全考试合格线设置偏低,有关安全考试的记录不完整。

知识拓展

墨菲定律

墨菲定律由美国爱德华兹空军基地的工程师爱德华·墨菲(Edward Murphy)提出。该定律的原句是这样的:If there are two or more ways to do something, and one of those ways can result in a atastrophethen, someone will do it(如果有2种或2种以上选择,其中1种将导致灾难,则必定有人会做出这种选择)。爱德华·墨菲在调查一起感应器失灵的事件后指出:如果有2种或2种以上的方式做某种事情,而其中一种方式将导致灾难,则必定会有人做出这样的选择。墨菲定律揭示出事件发生之偶然中的必然性。墨菲定律告诉我们,事情往往会向你所想到的不好的方向发展,只要有这个可能性。它的极端表述是:如果坏事有可能发生,则不管这种可能性有多小,它总是会发生,并造成最大可能的破坏。

墨菲定律警示人们:只要有可能,事故就必然会发生;即使你不出错,也总会有别人出错。高校实验室常常涉及种类繁多的危险化学品、病原微生物、电离辐射、特种设备等安全问题,有些实验需要在高温、高压、超低温、真空、强磁、微波、高电压、高转速等条件下进行,存在许多安全隐患,加之科研实验本身就存在未知风险,稍有不慎就会酿成事故和灾难。因此,增强安全防范意识,时时刻刻保持高度警觉,制定预案,做好防范,对减少或避免出错或事故发生至关重要。

3.2　安全文化

安全文化是安全理念、安全意识以及在其指导下的各项行为的总称,包括安全观念、行为安全、系统安全、工艺安全等。安全文化建设的目的是转变人的思想观念,改变人的安全行为,培养人的安全习惯,最终达到提高人的安全素质的目的,从而实现本质安全。

实验室安全文化是校园文化建设的重要组成部分,对师生实验室安全文化的培育是构建成功、有效的实验室安全管理体系的基础。实验室安全文化可从理念、制度、行为及环境等方面影响师生员工,使其树立"以人为本、安全第一"的责任和意识,使师生对实验室安全的重视变为主动的、内在的需要,自觉维护安全、健康、环保的实验室环境。

3.2.1　建设有学校特色的安全文化

【检查要点】

1. 网站设立实验室安全栏目

校园网站是基于学校单位建立的校园官方网络平台,承载着信息化教育时代的网络教学、对外宣传、教育管理等基本任务。学校、院系的网站应设立专栏,开展实验室安全宣传。学校主管部门的网站应有实验室安全管理、安全宣传栏目等。院系的网站应公开院系实验室安全领导小组、安全责任人等信息,并有实验室安全工作的通知及实验室安全活动的报道[29]。

2. 编印学校实验室安全手册

学校应编印适合本校特点的实验室安全手册,提醒教师、学生以及其他有关人员在从事实验室工作时,自觉遵守学校和实验室的各项规章制度,科学开展实验,规范实验操作,时刻提高警惕,避免安全事故发生。实验室安全手册应简洁明了、图文并茂。学校要将实验室安全手册发放给每一位从事实验活动的师生。主管职能部门要有院系实验室安全手册的领取记录[30]。

3. 创新宣传教育形式

学校通过多种形式开展实验室安全宣传与文化活动,如通过微信公众号、工作简报、专项整治活动、安全评估、知识竞赛、微视频等方式,加强实验室安全宣传。学校还可以通过其他方式开展安全宣传与文化活动,如专题讲座、应急演练、警示教育展、安全文化宣传月等,提高师生的安全防范意识和防范能力。学校应利用微信公众号、微信小程序、抖音等新媒体平台,在节假日、重要活动节点,对师生进行安全提醒、提示,对师生开展实验室安全知识宣传[31]。

【误区提示】

（1）学校、主管部门、院系的网站无实验室安全栏目，或设置了实验室安全栏目，但信息未能及时更新，没有实验室安全工作通知、实验室安全活动报道。

（2）学校没有编印实验室安全手册，或已编印实验室安全手册，但院系没有按要求发放，无发放记录。

（3）学校未开展相关实验室安全宣传与文化活动，无相关记录，或记录不完整。学校未充分利用现代信息技术开展实验室安全宣传、提示、反馈等。

3.2.2 建立实验室安全隐患举报制度

【检查要点】

学校应建立实验室安全隐患举报制度，公布实验室安全隐患举报邮箱、电话、信箱等[32]。

【误区提示】

学校未建立实验室安全隐患举报制度。

> **知识拓展**

海恩法则

海恩法则是德国飞机涡轮机的发明者帕布斯·海恩在统计分析了 55 万次事故的基础上提出的一个在航空界关于飞行安全的法则。海恩法则指出："每一起严重事故的背后，必然有 29 次轻微事故和 300 起未遂先兆以及 1000 个事故隐患。"海恩法则的核心思想：严重的事故只是冰山一角。海恩法则说明，任何一起事故都是有原因的，同时说明安全是可以控制的，安全事故是可以预防的。海恩法则揭示了一个真理：事故的发生看似偶然，其实是各种因素积累到一定程度的结果。

海恩法则强调两点："一是事故的发生是量的积累的结果，几乎所有的事故都是多个漏洞的叠加，重视解决了漏洞，就会杜绝事故的发生；二是再好的技术、再完美的规章，在实际操作层面，也无法取代人自身的素质和责任心。"

海恩法则给予实验室安全管理的启示：①不能忽视任何一个事故隐患，全过程要进行程序化管理；②对每一个程序都要划分相应的责任，找到相应负责人，要让他们认识到实验室安全工作的重要性以及安全事故的危害性；③根据实验室安全程序的可能性，列出每一个程序可能发生的安全事故，以及发生安全事故的先兆，培养师生对安全事故先兆的敏感性；④在每一个程序上都要制定定期的检查制度，及早发现事故的征兆；⑤在任何程序上一旦发现生产安全事故的隐患，就要及时报告、及时排除。

第 3 章巩固练习

（罗文萍　王佳文）

第 4 章

安全准入

实验室安全准入是指实验人员在进入实验室进行实验工作前,必须符合一定的条件和规定,才能获得进入实验室的许可。实验室安全准入的目的是确保实验人员的健康和实验室环境的安全,并最大程度地减少实验室安全事故的发生。实施实验室安全准入管理,是强化师生的实验室安全意识,提升师生的安全防护和应急处置能力,预防和减少实验室安全事故发生的重要举措。

本章包括项目安全准入、人员安全准入、安全风险分析等 3 个方面,涉及安全检查项目 3 个、检查要点 3 个,对实验室安全准入、安全风险分析提出了具体要求,确保实验前实验人员、实验安全条件达到准入资格。

4.1 项目安全准入

通过对项目进行实验室安全风险评估,可以提前发现潜在的危险和风险因素,采取相应的措施进行防范和减轻风险,保证实验室满足开展项目活动的安全条件。

4.1.1 对项目进行实验室安全风险评估,保证实验室满足开展项目活动的安全条件

【检查要点】

项目负责人负责对实验项目进行危险源辨识、风险评估和控制,制定现场处置方案,指导有关人员做好安全防护。实验项目安全风险评估的内容主要包括但不限于如下事项:实验项目所涉及的危险源种类、特性及可能导致(引发)的风险;实验场所、设施设备、技术及管理人员的满足与符合情况[33]。

【误区提示】

项目负责人未对实验项目进行安全风险评估就开展实验活动。

4.2 人员安全准入

通过建立实验人员安全准入制度,运用培训和考核,可以使实验人员明确自身承

担的实验室安全责任与义务,提高安全意识和安全素养,规范实验室日常行为,防范和减少实验室安全事故的发生。

4.2.1　实验人员须经过安全培训和考核,获得实验室安全准入资格

【检查要点】

学校建立实验人员安全准入制度。实验人员应获得实验室准入资格,并严格遵守各项管理制度。进入实验室学习或工作的所有人员应先接受安全知识、安全技能和操作规范培训,掌握正确使用设备设施、防护用品的技能,考核合格后方可进入实验室进行实验操作[34]。

【误区提示】

学校未实施实验室安全准入制度。

4.3　安全风险分析

实验室通过对研究选题进行安全风险分析,分析安全风险的来源、严重程度,制定相应的标准操作程序与管理规程,确定个体防护、应急预案等安全防范措施,减少或避免实验室安全事故的发生。

4.3.1　对研究选题进行安全风险分析,做好防控和应急准备

【检查要点】

学校应建立实验室安全风险评价制度。实验室在开展实验前,必须进行安全风险分析,并通过审核。对凡涉及重要危险源(详见《高等学校实验室安全检查项目表》第15目)的教学、科研项目,应经过风险评价后方可开展实验活动。对存在重大安全隐患的项目,在未切实落实安全保障前,不得开展实验活动[35]。

【误区提示】

实验室未对具有危险性实验的研究选题进行安全风险分析,未落实安全保障就开展实验活动。

> **知识拓展**

实验室安全风险评价

学校应根据危险源的特性和导致(引发)危险的严重程度对实验室进行安全风险评价,并配套专业化的安全管理和预防措施。

(1)实验室风险评价的事项:辨识危险源和危险有害因素;评价有关危害造成实际伤害的可能性及严重程度,确定风险等级;决定采用何种风险防范和应急处置措施,从而将风险降低到可以接受的程度。

(2)实验室风险评价的关键:实验室应系统识别实验室活动所有阶段可预见的危险源,识别所有与各类活动相关的可预见的危险,如机械、电气、高温、低温、火灾、噪

声、毒物、辐射、化学等危害,或与任务不直接相关的可预见的危险,如实验室在突然停电、停水、发生自然灾害等特殊状态下的安全。实验室应从化学品、人员、仪器、环境、设备设施等方面进行危险源辨识。

(3)实验室安全风险评价等级:以实验场所为对象,通过辨识其中的危险源和危险有害因素,分析事故发生的可能性和事故后果的严重性,将实验室风险等级由高到低分为Ⅰ级(重大风险)、Ⅱ级(高风险)、Ⅲ级(中风险)、Ⅳ级(低风险)4个等级。对于实验室内同一类别的危险源,按照"就高"原则,确定该类别危险源的安全风险等级。

完成实验室安全风险评价后,学校应对不同安全级别的实验室采取相应的专业化安全管理和预防措施。通过合理的分级管理可以有效减少实验室的事故和伤害,保障实验人员的安全和健康。

实验室安全风险评价可参照2024年4月8日教育部印发的《高等学校实验室分级分类管理办法(试行)》进行,累计评分,确定等级。

第4章巩固练习

(许盈盈　田玉辰)

第5章

安全检查

实验室安全检查既是了解、检验实验室安全工作是否规范有效的重要措施,也是高校实验室安全管理的重要组成部分,同时,通过安全检查可以及早发现问题和隐患,及时进行有效的整改,防范实验室安全事故的发生,确保实验室安全。实验室安全检查是确保实验室安全、降低事故发生概率的基本手段,只有将安全检查落到实处、推向深处,才能确保实验室的安全、稳定运行。

本章包括危险源辨识、安全检查、安全隐患整改、安全报告等4个方面,涉及安全检查项目9个、检查要点11个,提出了实验室危险源辨识、安全检查、安全隐患整改的工作内容和要求,可为实验室安全检查工作的开展提供指导。

5.1 危险源辨识

危险源是可能导致人身伤害和(或)健康损害的根源、状态、行为,或其组合。学校、院系应建立危险源分布清单,对涉及危险源的高危场所应有明确的警示标识,对重要危险源应做好风险评估和应急管控。

5.1.1 学校、院系实验室层面建立危险源分布清单

【检查要点】

学校、院系实验室应进行实验室危险源辨识,并建立危险源分布清单。危险源分布清单涉及的危险因素主要包括危险性设备和危险性物质。危险源分布清单的内容需包括单位、房间、类别、数量、分级分类、责任人等信息。实验室危险源主要包括(但不限于)管制化学品、易燃易爆化学品、易燃易爆和有毒气体、放射性物品、病原微生物、辐射、激光、强磁、强电、高温或超低温、高压、高速运动等[36]。

【误区提示】

(1)涉及危险源的实验室未建立危险源分布清单。

(2)实验室危险源分布清单的内容不完整。

(3)学校、院系对危险源的辨识不全,忽视了潜在的危险源。

知识拓展

危险源辨识

危险源是可能导致伤害和健康损害的根源。实验室危险源是指在实验室存在的能造成人员伤害、疾病、财产损失、实验环境破坏或其他损失的根源或状态。

危险源包括以下方面。

(1) 物理性危险源:如设备设施缺陷、防护缺陷、工作环境不良等。

(2) 化学性危险源:如易燃、易爆、有毒化学品等。

(3) 行为性危险源:如操作失误、管理不善等。

危险源辨识就是识别危险源并确定其特性的过程。危险源辨识主要是指对危险源的识别,对其性质的判断,对可能造成的危害、影响提前进行预防,以确保实验的安全、稳定。

危险源辨识不但包括对危险源的识别,而且包括对其性质的判断。目前,已经开发出的危险源辨识方法有几十种之多,如安全检查表、预危险性分析、危险和操作性研究、故障类型和影响性分析、事件树分析、故障树分析、LEC 法、储存量比对法等。

5.1.2 涉及危险源的实验场所,须有明确的警示标识[①]

【检查要点】

学校、院系对涉及重要危险源(详见《高等学校实验室安全检查项目表》第 15 目)的场所须有显著、明确的警示标识。警示标识是提醒人们对周围环境或操作引起注意,以避免发生危害的标识。警示标识分图形标识、警示语句、警示线和告知卡等类型[(37)]。

【误区提示】

(1) 学校、院系在涉及危险源的场所未张贴警示标识,或警示标识不全。

(2) 学校、院系在涉及危险源的场所已张贴警示标识,但不符合国家标准,张贴不规范。

5.1.3 建立针对重要危险源的风险管理和应急预案

【检查要点】

1. 建立风险分级分类管控方案

风险分级分类管控的目的是实现风险的有效管控。通过辨识实验室存在的风险因素、评价其风险严重程度,进而确定风险控制的优先顺序和风险管控措施。实验室

---

① 注:本书中存在"警示标识"与"警示标志"共用的情况,具体表述与《高等学校实验室安全检查项目表》(见附录)中的一致。

要根据存在的危险源及其存量进行风险评价,判定本实验室安全等级,并依据实验室中存在的主要危险源类别判定实验室安全类别。院系要审核确认所属实验室的类别和风险等级,建立本单位实验室安全分级分类管理台账,提交学校实验室安全主管职能部门备案;学校要建立本校实验室安全分级分类管理台账,及时录入信息化管理系统或电子造册。对分级分类管理台账要依据研究内容、危险源类型与数量等变化,或实验室建设项目调整而适时更新。对高风险等级实验室,要按要求适时向相应的教育、公安(治安)、生态环境、卫生健康、农业农村、市场监督(质检)等主管部门报备并接受监督[38]。

2. 建立重要危险源应急预案

院系和实验室有针对自身重要危险源的风险评价和应急预案,并报学校或院系备案。首先,对实验室进行危险源辨识,并找出重要危险源;然后,对实验室涉及的重要危险源进行安全风险评价;最后,根据危险源的特点,编制应急处置措施,并进行相关演练,同时上报学校或院系备案[39]。

【误区提示】

(1)学校未建立实验室风险分级分类管控方案,未实现实验室分级分类管控。实验室启用前未做危险源风险评价,无应急管控方案。

(2)实验室有应急管控方案,但未进行相关演练,或应急管控方案无可操作性。实验室的风险评价报告和应急管控方案未报学校或院系备案。

> **文件参考**
>
> *《高等学校实验室安全分级分类管理办法(试行)》*
>
> 2024年4月8日,教育部印发了《高等学校实验室安全分级分类管理办法(试行)》。本办法对高校实验室安全分级分类管理的责任体系、工作原则、管理要求等做出了相关规定。高校可以依据本办法,结合自身实际,制定并实施适用于本校的实验室安全分级分类管理办法。
>
>
> 扫码下载

5.2　安全检查

实验室安全检查是学校安全管理的重要组成部分。实验室安全检查的目的:发现和查明实验室存在的各种危险源和安全隐患并及时整改,监督各项安全规章制度的落实,制止违反实验室安全的行为,督促各实验室做好实验室安全工作。

5.2.1 学校、院系层面安全检查及实验室自检自查

【检查要点】

1. 学校层面安全检查

学校应建立由校领导、实验室安全主管部门和相关部门(保卫处)领导、院系领导及实验室安全管理人员组成的实验室安全检查队伍。学校应结合本校的具体情况制定适合本校实际的、可操作性强的实验室安全检查指标或标准,每年初制定实验室安全检查计划,明确检查内容和范围。学校层面安全检查每年不少于4次,每次检查都要有文字记录、照片并归档。建议学校通过基于移动互联网的信息化管理系统进行实验室安全检查。信息化管理系统的应用既有利于使管理过程留痕,也有利于实现网格化、扁平化管理,提高实验室安全管理的效率。

2. 院系层面定期检查

院系要建立一支固定的实验室安全检查队伍,根据实验室危险源的分布情况,定期进行全面检查和抽查(重点部位必查,一般部位抽查),有计划、有重点地进行专项检查。院系应建立实验室安全月检查制度,检查频次每月不少于1次,并记录、存档。院系应建立详细的实验室安全工作检查台账,记录检查和问题整改情况,对检查结果要有通报,检查和整改的文件要有相关人员签字。

3. 实验室自检自查

实验室应建立安全自检自查制度,做好实验室每日安全自检自查。实验室应建立详细的自检自查值日台账,值日人员应记录实验室每天发生的安全问题及处置情况,以及对室内电气、电线和卫生检查的情况,并记下日期和签名确认,也可通过实验室信息管理系统建立电子台账。最后离开实验室的人员应检查水、电、气阀及门窗的关闭情况,并在室内张贴相关提醒标识[40]。

【误区提示】

(1)学校未制定实验室安全检查计划,全年检查的次数少于4次,实验室安全检查走过场,只注重形式,不注重内容和效果。

(2)院系未建立月检查制度,未进行实验室安全定期检查。院系的实验室安全检查走过场,存在形式主义。

(3)实验室未建立安全自检自查制度,未做到每日安全自检自查。最后离开实验室的人员离开实验室时未关闭水、电、气阀等开关,未锁门、关窗。

(4)无实验室安全检查记录,或记录不规范。

警示案例

<u>江苏某高校实验室火灾事故</u>

事故经过:

2019年2月27日0:42,江苏某高校生物与制药工程学院楼3楼一实验室发出一

阵响声,随后有明火蹿出窗户,火势迅速蔓延至 5 楼楼顶,整栋大楼浓烟滚滚,根本来不及灭火。学校报警后,南京市消防支队调派 9 辆消防车、43 名消防员赶赴现场。消防员用水枪喷射扑灭明火并降温,1:15 火灾被控制,1:30 火灾被扑灭,三层楼的外墙面被熏黑,窗户破损,警方和学校保卫部门封闭现场。火灾烧毁 3 楼热处理实验室内办公物品及楼顶风机。不过所幸当时没有人在大楼里,没有人员受伤。

事故原因:

实验人员离开实验室时,未关闭电源,导致电路火灾发生。

安全警示:

开展实验时,应按照规范进行实验操作,严禁独自一人在实验室做实验,更不得在实验进行过程中离开实验室。定期检查实验室电路,及时消除电路安全隐患。实验结束后,最后一个离开实验室的人员必须检查并关闭整个实验室的水、电、气阀及门窗。

5.2.2 针对高危实验物品及实验过程开展专项检查

【检查要点】

院系应每年有计划地针对重要危险源开展专项检查。有毒有害化学品的专项检查主要包括有毒有害化学品场所、采购、储存、发放、使用、处置等方面的情况。动物及病原微生物专项检查主要包括实验室有关的资质证明、文件,生物安全组织机构、生物安全管理责任体系、有关规章制度的建立,生物安全防护措施,实验室应急管控预案,菌(毒)种和样本的贮藏与管理,实验人员生物安全知识培训,实验室各类记录和档案,实验室废弃物管理等方面的情况。辐射源及射线装置专项检查主要包括放射源储存、暂存场所及设施条件、辐射源及射线装置应用现状、辐射安全管理、辐射安全管理系统数据使用等方面的情况。其他重要危险源详见《高等学校实验室安全检查项目表》第 15 目[41]。

【误区提示】

(1)院系没有制定实验室安全专项检查计划,或有计划,但未执行。

(2)院系对高危实验物品的相关设施建设不达标,存在安全隐患。

(3)未建立高危实验物品相关使用、管理等台账。

5.2.3 安全检查人员应配备专业的防护和计量用具

【检查要点】

1. 安全检查人员规范

安全检查人员要佩戴标识。安全检查人员标识可以是红袖章、胸卡等。安全检查人员要配备照相器具,用于现场取证留存。

2. 检查时的个体防护

安全检查人员进入涉及危险化学品、生物、辐射等的实验室时,要穿戴必要的防护装具。安全检查人员应按照实验室相应的防护要求进行防护,不得以检查为由不遵守防护规定。

3. 佩戴个人辐射剂量计

安全检查人员检查辐射场所时,要佩戴个人辐射剂量计。个人辐射剂量计是用来监测每个受核辐射照射的实验人员在工作时所受辐射剂量的仪器。常用的个人辐射剂量计有个人剂量笔、胶片剂量计和热释光剂量计等。

4. 配备测量用具

安全检查人员应配备必要的测量、计量用具(如手持式 VOC 检测仪、声级计、风速仪、电笔、万用表等)。学校应逐步配备这些用具,以便安全检查人员可以随时监测实验室的各种安全隐患[42]。

【误区提示】

(1)安全检查人员未佩戴必要的标识;安全检查人员未配备照相工具,现场不能取证留存。

(2)安全检查人员进入风险高的实验室时,未按照有关标准配备必要的个体防护装具,或选择错误的防护装具类型;安全检查人员未接受相关培训,错误穿戴个体防护装具。

(3)安全检查人员进入辐射场所时,未佩戴个人辐射剂量计。

(4)学校未给安全检查人员配备必要的测量、计量用具。

5.3 安全隐患整改

安全检查要形成闭环,其中安全隐患整改是关键。进行安全隐患整改要做到"五到位",即措施到位、责任到位、资金到位、时限到位和预案到位。

5.3.1 检查中发现的问题应以正式形式通知到相关负责人

【检查要点】

对检查中发现的问题应以正式形式通知被检查实验室及院系的相关负责人,并规范存档。对检查发现的安全隐患,能即时整改的应即刻整改,需要时间整改的应限期整改。整改通知的方式可以采用多种形式,如校园网上公告、实验室安全简报、书面或电子的整改通知书等。整改通知书应包含检查时间、被检查的实验室、问题描述、整改要求及完成时间、职能部门盖章等内容。整改通知书要送达被检查院系的办公室,需要由负责人签收。院系要对整改资料进行规范归档[43]。

【误区提示】

(1)安全检查流于形式,以口头反馈为主,未形成书面材料。对存在问题的整改要求没有正式、及时地反馈给被检查实验室及院系的相关责任人。

(2)对整改通知书只送达实验室学生,未送达被检查院系的办公室。整改通知书包含的要素不全。

(3) 对安全检查中发现的问题以口头形式告知,对处理与否未检查,对处理结果未存档。

5.3.2 院系须及时组织隐患整改

【检查要点】

1. 安全隐患整改

院系对发现的安全隐患要进行限期整改;相关实验室或个人必须按规定的期限进行整改,并撰写整改报告。整改报告的内容要明确,要有前后对比的照片。应在规定时间内将整改报告提交学校主管部门。学校主管部门要认真核查整改报告,必要时到现场察看安全隐患的整改情况,确保安全隐患整改到位。学校在检查时发现实验室有严重的或院系一时无法解决的安全隐患时,应建立院系、主管部门和职能部门(包括保卫处、后勤保障部)联动的安全隐患处理机制,确保检查发现的安全隐患能够得到及时处理。学校对实验室安全检查、整改通知书、整改报告应规范存档[44]。

2. 重大隐患处理

如实验室存在重大隐患,则实验人员应当立即报告给实验室负责人,并立即停止实验活动,以防止发生安全事故。实验室应组织专业人员采取措施对重大隐患进行风险化解,待重大隐患整改完成或采取相应防护措施后,方能恢复实验活动[45]。

【误区提示】

(1) 院系无落实安全隐患的整改措施,未真正落实整改。院系未对整改报告进行归档并提交学校主管部门。

(2) 院系在发现重大隐患后,未采取相应的防范措施,仍照常进行实验活动,或重大隐患尚未全部完成整改,已恢复开展实验。

5.4 安全报告

学校在完成实验室安全检查后,要发布安全通报,及时报送相关责任人,确保整改措施得到落实。

5.4.1 学校有定期/不定期的安全检查通报;院系有安全检查及整改记录

【检查要点】

1. 学校有安全检查通报

学校要建立实验室安全检查通报制度,定期/不定期地编制实验室安全检查通报,每年不少于4次。学校应将实验室安全检查通报及时报送相关领导、责任单位和责任人,明确工作职责,落实安全责任,并存有相关资料和电子文档。实验室安全检查通报的发布形式:①在校园网上公布,对实验室安全检查通报可酌情在学校网站主页、实验室管理部门网站上进行公布;②以正式文件形式公布,对实验室安全检查通报可通过学校或部门以正式文件的形式公布。

2. 院系有安全检查记录

院系要按照学校实验室安全检查的内容,结合自身实验室的特点,定期/不定期地进行实验室安全检查,每月不少于 1 次。实验室安全检查记录应完整、规范,有检查现场照片,有安全检查人员签字。院系对实验室安全检查记录要存有相关资料或电子文档[46]。

【误区提示】

(1)学校未建立实验室安全检查通报制度,实验室安全检查通报工作流于形式,未明确隐患整改责任人。

(2)实验室安全检查记录不完整、不规范,无检查现场照片;对实验室安全检查记录未妥善存档。

第 5 章巩固练习

(刘禹佳　朱倩倩)

第6章

实验场所

实验室是开展实验教学和科学研究活动的重要场所,实验室环境的要求直接影响到实验结果的可靠性和实验人员的安全。保持良好有序、整洁卫生的环境条件是安全开展实验的空间保障,是做好实验室安全工作的基础条件。实验室环境条件应满足相关法律、法规、标准或技术规范的要求,保证实验结果质量,确保实验室安全。

本章包括场所环境、卫生与日常管理、场所其他安全等3个方面,涉及实验室安全检查项目13个、检查要点25个,提出了实验场所安全信息牌、空间布局、消防、备用钥匙、水电与管线、噪声与振动、环境卫生、急救物品等方面的规范要求,明确了实验场所安全管理的基本要素,为实验场所安全管理的规划设计、安全设施设备安装及日常安全管理提供了依据和指导。

6.1 场所环境

实验场所环境符合安全要求,是确保实验室安全的基础。实验室建设要综合考虑实验室的总体规划、合理布局、供水、供电、通风、安全措施、环境保护等基础措施和条件,特殊技术和环境保护要求,要严格遵守国家法律、法规、标准或技术规范的要求。

6.1.1 实验场所应张贴安全信息牌

【检查要点】

安全信息牌是指用于表达与实验室安全有关信息的标牌,其主要作用为加强实验室安全管理,提高安全警示作用,通常被挂在实验室门外。每个实验室房间门口应挂有安全信息牌。安全信息牌要覆盖所有实验室。安全信息牌上的信息应全面,信息包括实验室安全分级分类结果、安全风险点的警示标识、安全责任人、涉及危险类别、防护措施和有效的应急联系电话等,并根据实验人员、风险点的变化及时更新。实验室管理层应对安全信息牌的内容进行审核[47]。

【误区提示】

(1)安全信息牌未覆盖全部实验室。

(2)安全信息牌上的信息不全面,或与实验室内所涉及风险点的信息不相符。
(3)安全信息牌上未注明实验室安全责任人的有效应急联系电话。

6.1.2 实验场所应具备合理的安全空间布局

【检查要点】

1. 安全出口

超过 200 m² 的实验楼层应具有至少两处安全出口并保持通畅。75 m² 以上的实验室要有两个独立出入口,以保证应急事件中人员的安全疏散。对安全出口和疏散门应分散布置并有清晰的警示标识[48]。

2. 走廊净宽

实验楼大走廊应保证留有大于 1.5 m 净宽的消防通道,严禁因在走廊放置设备而使其净宽小于 1.5 m[49]。

3. 操作区层高

在实验室内不得随意搭建阁楼,实验室操作区层高不低于 2 m[50]。

4. 操作面积

理工农医类实验室内多人同时进行实验时,人均面积应不小于 2.5 m²。仪器较多的实验室(尤其是放有高温设备的实验室)应有更大的空间[51]。

【误区提示】

(1)实验楼或实验室安全出口和疏散门的数量不足。在安全出口和疏散门处未设置警示标识或警示标识不清。实验室有两个门,其中一个门被封堵。
(2)在实验楼大走廊放置设备后,其净宽小于 1.5 m。
(3)在实验室内私自搭建阁楼,使实验室操作区层高低于 2 m。
(4)实验室师生人数多,实验空间拥挤,人均实验面积低于指标要求。

6.1.3 实验室消防通道通畅,公共场所不堆放仪器和物品

【检查要点】

实验室消防通道的设计应考虑宽度,尽量减少突出墙体的物体,以确保消防通道通畅。在实验室消防通道、公共场所内不应堆放仪器设备、电瓶车、杂物等,以确保进行紧急疏散时消防通道通畅[52]。

【误区提示】

(1)在实验室消防通道内放置仪器设备、电瓶车、杂物等。
(2)在实验楼大厅等公共场所内未经允许堆放大量杂物。

6.1.4 实验室建设和装修应符合消防安全要求

【检查要点】

1. 实验操作台

对实验操作台应根据实验室特性选择合适和合格的防火、耐腐蚀材料,例如,对

操作台台面可选择理化板、陶瓷板、不锈钢板、环氧树脂板、大理石板等[53]。

2. 承重载荷

仪器设备安装应符合建筑物的承重载荷要求。建筑物都有一定的承重载荷,安装仪器设备时,应考虑楼板的跨度、厚度、混凝土强度、配筋,经过载荷验算后,才能确定是否符合安装条件。对载荷验算不符合条件的建筑物,在安装仪器设备前要进行加固[54]。

3. 实验室吊顶

有可燃气体的实验室不设吊顶。可燃气体泄漏后易聚集在实验室上方,如果设置了吊顶,则易造成吊顶上方可燃气体聚集,引起火灾、爆炸等安全事故[55]。

4. 废弃设施

对废弃不用的配电箱、插座、水管、水龙头、网线、气体管路等,应及时拆除或封闭。在实验室功能改变后,应及时拆除与实验室不匹配的设施设备。在进行现场检查时,如果发现出现实验室功能调整或改建,则应重点检查实验室功能与基础设施的匹配性,尤其要重点检查废弃不用的配电箱、插座、水管、水龙头、网线、气体管路等是否已被拆除[56]。

5. 实验室门

实验室门上应有观察窗。在涉及安全风险的实验室门上应设有观察窗,观察窗必须为密封结构,不能人为遮挡,所用玻璃应为钢化玻璃。对涉及安全风险的实验室门应设置为向外开启,以便在应急状况下不阻挡逃生路径[57]。

【误区提示】

(1)涉及化学实验的操作台台面不具备抗腐蚀性能;摆放高温设备的操作台台面不耐高温;操作台承载不够,导致其使用寿命缩短或损坏。

(2)安装仪器设备时,未考虑楼面承重载荷。

(3)对涉及或可产生可燃气体的实验室安装了吊顶。

(4)未及时对已经不用、废弃的设施设备进行有效处理或拆除。

(5)在涉及安全风险的实验室的门上未设置观察窗,或有观察窗,但被人为遮挡;将涉及安全风险的实验室的门设置为向内开启;在实验室出门处设置复杂的开门装置(如指纹识别等),延迟逃生时间。

6.1.5 实验室所有房间均须配有应急备用钥匙

【检查要点】

对每间实验室须至少配有1把应急备用钥匙。对应急备用钥匙须集中存放、统一管理,以便应急时方便取用。在进行安全检查时,应检查应急备用钥匙的存放点,对存放点应设置合理,以便应急时取用。若实验室更换门锁,则应及时更新应急备用钥匙或及时授权[58]。

【误区提示】

（1）未建立实验室应急备用钥匙或门禁通卡集中管理制度；对实验室应急备用钥匙未设专人管理，使用不规范。

（2）实验室应急备用钥匙不全或未对其进行及时更新；对门禁通卡未及时更新授权，使其不能打开每间实验室。

（3）应急备用钥匙或门禁通卡存放点设置不合理，应急取用不方便。

6.1.6　实验设备须做好振动减振、电磁屏蔽和降噪

【检查要点】

1. 振动减振

对实验室容易产生振动的设施设备，须考虑采取合理的减振措施。存放容易产生振动的公共设施的房间不宜与实验室、学术工作室、学术活动室及阅览室相临。对安装在楼层或顶层的空调机组、排风机房等，在其设备的基础部位应有减振措施[59]。

2. 电磁屏蔽

在仪器使用过程中，不应产生超过标准规定的电磁辐射和其他污染。产生电磁辐射的仪器设备应符合《电磁环境控制限值》（GB 8702—2014）的有关规定。对易对外产生磁场或易受磁场干扰的设备须做好电磁屏蔽[60]。

3. 噪声降噪

实验室内的噪声一般不高于55分贝（机械设备的噪声一般不高于70分贝）。对噪声大的仪器设备应安装在有隔音设施的空间内，不应影响实验室的正常使用。有产生噪声的公共设施的房间不宜与实验室、学术工作室、学术活动室及阅览室相临，否则应采取隔声及消声措施[61]。

【误区提示】

（1）对容易产生振动的设施设备未采取有效的减振措施。

（2）对产生电磁辐射的仪器设备未安装电磁屏蔽装置，或有电磁屏蔽装置，但未正确使用。

（3）实验设备老化、维修不及时、噪声超标；对噪声超标的实验室未采取降噪措施。

6.1.7　实验室水、电、气管线布局合理，安装施工规范

【检查要点】

1. 管道供气

采用管道供气的实验室，输气管道及阀门应无破损现象，并有明确的标识。根据输气管道的介质选择合适材质的输气管道。对危险性气体不宜使用非金属管，对乙炔气体不宜使用铜管。如果气体管路受损，则应及时维修，确保气体管路安全。供气

管道有名称和气体流向标识,无破损[62]。

2. 可燃气体管道

高温、明火设备的放置位置应与气体管道有安全间隔距离。合理布置输送氢气、甲烷、乙炔等可燃气体的管路,因可燃气体一旦泄漏,极易引起爆炸,故应将其与高温、明火设备分开布置,并保持一定的安全距离[63]。

3. 管线工程

实验室水、电、气管线的设计、施工,经过审批后实施,符合建筑设计规定和安装施工规范[64]。

【误区提示】

(1)气体管道阀门存在破损或老化现象,未及时更换;对气体管路无明确标识。

(2)可燃气体管道与高温设备(如加热设备)紧邻;可燃气体管道与明火设备(如煤气灯)紧邻。

(3)实验室水、电、气管线布局不合理且影响使用。对排水系统管道未结合实验室功能考虑耐酸、碱腐蚀因素,未考虑有机溶剂对管道的溶解。

警示案例

北京某高校组培实验室火灾事故

事故经过:

2020年8月9日,北京某高校组培实验室发生火灾,事故造成组培架烧毁,所幸无人员伤亡。

事故原因:

直接原因:事故现场勘察报告显示,事故发生的直接原因主要有两点。一是该组培实验室线路及电子元器件老化起火;二是在组培实验室组培架及过道上存放了大量报纸、泡沫、塑料垫、纸箱等可燃物。

间接原因:实验室安全管理不到位,主要体现在两方面。一是没有日常安全检查记录,没有经常性开展实验室日常安全检查;二是没有设备设施定期检修和维护记录,未对实验室设施设备进行定期检修和维护。

安全警示:

应强化实验人员的安全意识,对设备、水电等进行定期检查维修,确保安全。应加强对实验室内部消防通道、重点位置的安全管理,禁止占用消防通道,禁止在危险区域堆放易燃、可燃物品。

6.2 卫生与日常管理

加强实验室卫生与日常管理,实行卫生安全值日制度,确保实验室环境整洁、卫生、无害,防止对实验人员和实验设备造成危害。

6.2.1 实验室分区应相对独立、布局合理

【检查要点】

有毒有害实验区与学习区明确分开,合理布局,应重点关注化学、生物、辐射、激光等类别实验室的布局。应明确将有毒有害试剂的实验区与学习区及其他工作区隔开,并尽可能相互独立和远离。如部分区域分区不明显,则现场查看有毒有害物质的管理须对工作环境无健康危害[65]。

【误区提示】

(1)在实验室内未设置学习区,有毒有害实验区与学习区混用。

(2)在实验室内设置了学习区,但学习区与实验区未能在物理空间上相互独立。

6.2.2 实验室环境应整洁卫生有序

【检查要点】

1. 实验室环境卫生

院系应建立完善的实验室环境卫生管理制度,并严格执行。实验室物品摆放应整洁有序,应定期进行卫生打扫,确保卫生状况良好。应对器皿、试剂、材料分类存放,标识清楚,易于查找和使用。在实验室内可进行必要的提醒和提示。实验人员要养成良好的实验习惯,不随意放置实验物品,实验完毕,应将物品归位。实验室内无废弃物品,不放无关物品。应严格限制无关物品(如电器、自行车、电动车等)进入实验室,尤其应严禁利用实验室电源对电动车进行充电[66]。

2. 实验室禁止行为

实验人员应避免长时间在实验室内学习和工作,不能将实验室作为休息区或"宿舍",除实验需要外,不准在实验室内过夜。严禁在实验室内(特别是实验操作区)存放食物;严禁在实验室内进行烧煮食物、进食等生活行为,以免发生误服中毒事件;严禁在实验室内吸烟,以免引发火灾、爆炸等事故;为避免火灾的发生,不准在实验室内使用可燃性蚊香[67]。

【误区提示】

(1)院系未制定实验室环境卫生管理制度,或有制度,但未执行。实验人员未定期打扫实验室,实验室卫生脏乱差。实验室内物品摆放杂乱无章,对化学试剂未分类存放。对实验用品随意放置,用后未能归位。对废旧物品随意放置或集中在实验室内存放。废旧物品阻塞消防通道,占据太多实验室空间,造成实验室空间拥挤,不利于实验操作,容易造成操作失误而引发安全事故。实验室内存放较多的无关物品,有电动车充电现象。

(2)实验人员长时间在实验室内学习和工作,将实验室作为"宿舍",在实验室内

休息和睡觉过夜;实验人员在实验室内存放食物,有烧煮食物、进食等生活行为。

> ⚠️ **警示案例**

某高校化学实验误操作事故

事故经过:

2007年8月9日20:00许,某高校实验室实验人员李某在准备处理一瓶四氢呋喃时,没有仔细核对,误将一瓶硝基甲烷当作四氢呋喃投到氢氧化钠中。约过了1 min,试剂瓶中冒出了白烟。李某立即将通风橱玻璃门拉下,此时瓶口的烟变成黑色泡沫状。李某随即叫来同实验室的一名实验人员请教解决方法,此时发生了爆炸,玻璃碎片将二人的手臂割伤。

事故原因:

该事故是由于当事人在投料时粗心大意,没有仔细核对所要使用的化学试剂而造成的。实验台药品杂乱无序、药品过多也是造成本次事故的主要原因。

经验教训:

这是一起典型的误操作事故。对实验操作过程中的每一个步骤都必须仔细、认真,不能有半点马虎;要保持实验台、工作台整洁,对不用的试剂瓶要摆放到试剂架上,避免因试剂打翻或误用而造成事故发生。

6.2.3 实验室有卫生安全制度

【检查要点】

实验室负责人应制定实验室卫生安全制度,值班人员每天做好实验室卫生与安全管理,发现安全隐患后,应及时反馈给实验室负责人,以便及时进行安全隐患整改。实验室负责人应制作科学、适用的实验室卫生安全检查记录表,做好每天卫生安全值日记录[68]。

【误区提示】

(1)实验室无卫生安全制度,或实验室负责人未参与制定实验室卫生安全制度。

(2)实验室日常检查不严格,流于形式,无实验室卫生安全检查记录表或该记录表过于简单。

6.3 场所其他安全

各院系要在学校实验室管理部门对实验室进行备案、登记成册,对危险性实验室应配备急救物品,对废弃的实验室同样应落实安全防范措施。

6.3.1 每间实验室均有编号并登记造册

【检查要点】

对实验室房间号要有统一的编排规则,做到有序、便于记忆和管理。房间号的标识位于显著位置、清晰可见。各院系要在学校实验室管理部门对实验室进行备案、登记成册。备案内容包括实验室名称、所在楼号、所在楼层、所在房间号、使用状态、实验室负责人姓名及联系电话等[69]。

【误区提示】

(1)实验室房间编号混乱,不利于记忆和管理。

(2)未在学校实验室管理部门对实验室进行备案、登记,或已备案、登记,但备案、登记信息不全。

6.3.2 危险性实验室应配备急救物品

【检查要点】

实验室应根据实验内容配备急救药箱,配备的药箱不上锁,药品在保质期内,应被放置于显著位置并有明显标识。一般应按照化学类、生物类、机电类急救药箱来配备。应经常检查和补充药品,以确保药品种类完备、质量合格、能满足紧急使用的需求。检查和补充药品后应做好记录[70]。

【误区提示】

(1)危险性实验室内未根据实验室工作内容配备急救药箱。

(2)危险性实验室内有急救药箱,但急救药箱的摆放位置不当或对其上锁,不利于紧急情况下使用。

(3)未定期检查药箱内的药品,药品不全或过期,无法满足紧急使用的需要。

6.3.3 停用的实验室有安全防范措施和明显标识

【检查要点】

安全检查要关注实验室的运行情况。对停用的实验室,同样要加强安全管理,并根据实验室的具体情况明确安全负责人,落实安全防范措施。对安全隐患突出、隐患较大的停用实验室和设备应有明显的标识,对废弃不用的实验室应及时拆除。对安全隐患较大的实验室和设备在拆除前应进行安全性论证,并制定相应的安全防范措施,拆除工作应由专业人员组织实施[71]。

【误区提示】

(1)对停用的实验室及设备无安全防范措施和安全负责人;实验人员私自启用已废弃不用的实验室或设备。

(2)对安全问题突出、隐患较大的实验室或设备进行拆除前未开展论证,或论证不充分,拆除过程中无专业人员组织实施。

> ! **警示案例**

江苏某高校废弃实验室爆炸事故

事故经过:

2013年4月30日上午9:00许,江苏某高校一废弃实验室在拆迁施工过程中发生意外爆炸,现场施工的4名工人2名重伤,2名轻伤,其中1名重伤人员经医院抢救无效死亡。爆炸周边方圆几公里内的居民感受到明显震感,甚至有几户居民家中的玻璃门被震碎。

事故原因:

此次事故的事发地为该校废弃的化学实验室。学校为了校庆,到处都在施工,因为赶工期而忽略了安全隐患,减少了相关程序。在爆炸发生之前,该实验室内有一定数量被丢弃的化学药品和储气罐。拆迁工人在对储气罐进行切割时发生火灾,在随后进行灭火时发生爆炸,导致事故发生。

安全警示:

实验室内外单位施工需要严格执行相关程序,并严格把控作业过程。对安全隐患较大的设备进行拆除前应进行安全性论证,由专业人员采取相应的防范措施后再进行拆除。对实验室废弃物要及时按规定进行统一收集、集中定点存放,不得长时间丢弃在实验室内。对实验室废弃物应在规定场所内分类存放,并设置相关标识,不得随意丢弃,以防他人因不知情而引发危险。

第6章巩固练习

(杨全中 霍 帅)

第7章

安全设施

实验室消防、应急设施、通风系统、门禁监控等安全设施是实验室安全的基础条件。实验室应配备基础安全设施。例如,实验室应配备合适的灭火设备;在显著位置张贴逃生路线图;对涉及化学实验和生物实验的区域应配置应急喷淋与洗眼装置;对危险化学品、放射源存放点等重点场所应安装门禁和监控设施;对有需要的实验场所应配备符合设计规范的通风系统;对具有爆炸危险性的化学品、仪器设备的存放应符合防爆要求。

本章包括消防设施、应急喷淋与洗眼装置、通风系统、门禁监控、实验室防爆等5个方面,涉及实验室安全检查项目11个、检查要点23个,对安全设施的配备、正确使用与管护提出了具体要求,为实验室安全提供了基本的设施保障。

7.1 消防设施

消防设施是建筑物中用于预防及控制火灾的各种设备和装置,是保证建筑物消防安全和人员疏散安全的重要设施。消防设施是提高防御火灾能力的重要保障,保持其良好的状态,关系到能否及时预防火灾,能否及时有效地控制、消灭火灾,能否为人员疏散和灭火救援行动提供帮助。

7.1.1 实验室应配备合适的灭火设备,并定期开展使用训练

【检查要点】

1. 灭火设备

对具有潜在火灾危险的实验室应配备合适的灭火设备,如烟感报警器、灭火器、灭火毯、消防砂、消防喷淋装置等。灭火设备安装位置规范、种类配置正确、方便取用。应将灭火器放置在实验室出口的醒目位置,定期进行维护管理,确保正常有效、方便取用。实验室应配备灭火毯,灭火毯可用于油锅着火时灭火,或披在身上用于火灾逃生。有机化学实验室应配备消防砂,消防砂可用于扑灭油类制品、易燃化学品着

火。危险性实验室应配备烟感报警器、消防喷淋装置。要定期对灭火设备进行检查、保养、更换,确保其功能正常[72]。

2. 合格灭火器

灭火器种类配置正确,例如,大型仪器室应配备二氧化碳灭火器,机房应配备七氟丙烷灭火器。灭火器在有效期内,或压力指针在绿色区域,安全销(拉针)正常,瓶身无破损、腐蚀。当压力指针在红色区域时,应及时更换,以确保灭火器处于工作状态。应将灭火器放置在通风、干燥、清洁及取用方便的地点,以防喷嘴堵塞、灭火器发生锈蚀。对启用后的灭火器必须进行更换[73]。

3. 消防训练

实验室应定期开展灭火设备的使用训练。师生应熟悉各种灭火设备(尤其是灭火器)的性质、适用范围和使用方法。灭火设备、物品只能扑救初期火灾,一旦发现火势蔓延,实验人员就应紧急撤离,并拨打"119"报警。

【误区提示】

(1)灭火设备的类型与燃烧物质的性质、条件和现场不符;灭火设备处于损坏或过期的状态;灭火器被放在不易取出的地方,如放置在柜子上、隐蔽的角落等处。

(2)灭火器瓶身有破损或发生严重生锈,未及时更换;灭火器过期或压力不足,不能正常使用。

(3)实验室未开展灭火设备的使用训练;实验人员未掌握灭火器、灭火毯等消防设备的使用方法。

> **文件参考**
>
> ### 《中华人民共和国消防法》
>
> 1998年4月29日,第九届全国人民代表大会常务委员会第二次会议通过《中华人民共和国消防法》。本法根据2019年4月23日第十三届全国人民代表大会常务委员会第十次会议《关于修改〈中华人民共和国建筑法〉等八部法律的决定》修正。本法是为了预防火灾和减少火灾危害,加强应急救援工作,保护人身、财产安全,维护公共安全而制定。
>
>
> 扫码下载
>
> ### 《高等学校实验室消防安全管理规范》
>
> 2023年6月26日,教育部发布了《高等学校实验室消防安全管理规范》(JY/T 0616—2023)。本规范规定了高等学校实验室消防安全管理的总体要求、消防安全责任、消防安全制度和管理、消防安全措施、灭火和应急疏散预案编制和演练、火灾事故处置和善后以及奖惩制度。本规范自发布之日起实施,教育部要求各高校结合实际认真贯彻执行。
>
>
> 扫码下载

《消防设施通用规范》

2022年7月29日,住房和城乡建设部发布了《消防设施通用规范》(GB 55036—2022)。本规范自2023年3月1日起实施。建设工程中消防设施的设计、施工、验收、使用和维护必须执行本规范。本规范为强制性工程建设规范,对全部条文必须严格执行。

扫码下载

7.1.2 紧急逃生疏散路线通畅

【检查要点】

1. 紧急逃生疏散路线图

在实验楼的显著位置张贴有紧急逃生疏散路线图,该路线图应包括当前位置、逃生路线指示及出口等信息。紧急逃生疏散路线图显示的信息应清晰易懂,逃生路线应有二条(含)以上,路线与现场情况应相符合[74]。

2. 紧急照明灯

实验楼的主要逃生路径上(如室内、楼梯、通道和出口处)应有足够的紧急照明灯和灯光疏散指示标志;消防应急照明和疏散指示系统应符合相关标准和规范的要求。应定期对紧急照明灯进行巡检和维护,以确保其功能正常[75]。

3. 疏散逃生

人员熟悉紧急疏散路线及火场逃生注意事项(现场调查人员熟悉程度)[76]。

【误区提示】

(1)实验楼内未张贴紧急逃生疏散路线图,或者已张贴紧急逃生疏散路线图,但位置不醒目。

(2)紧急逃生疏散路线图未按相关标准制作,显示的信息不清晰、不全面;紧急逃生疏散路线图的信息与实际情况不符。

(3)在实验楼的主要逃生路径上未配备足够的紧急照明灯;紧急照明灯不能正常工作。

(4)有人员不熟悉紧急疏散路线及火场逃生注意事项。

知识拓展

实验室常用的灭火方法

当实验室发生火灾时,切不可惊慌失措,应保持镇静。首先应立即切断实验室内的一切火源和电源,然后应根据具体情况正确地进行抢救和灭火。常用的灭火方法包括以下几种。

(1)当可燃液体燃着时,应立即将着火区域内的一切可燃物质移到安全区域,关闭通风器,防止扩大燃烧面积。若着火面积较小,则可用湿布、铁片或沙土覆盖,隔绝空气,使之熄灭。但覆盖时要轻,以免碰坏或打翻盛有易燃溶剂的玻璃器皿,导致更多的溶剂流出而再着火。

(2)当甲醇、乙醇及其他可溶于水的液体着火时,一般用沙土、干粉灭火器扑救,根据火灾情况,也可使用水、二氧化碳灭火器扑救。

(3)当汽油、乙醚、甲苯等有机溶剂着火时,应用石棉布或沙土扑灭,严禁用水灭火,否则反而会扩大燃烧面积。

(4)当金属钾、钠着火时,可将沙土倒在它的上面;切忌用水,原因在于水与钠反应放出氢气,会使火灾更加猛烈;也不能用以二氧化碳为动力源的灭火器扑救。

(5)当电线、配电箱、冰箱等带电设备着火时,不能用水及水基型灭火器灭火,以防触电,应第一时间切断电源,可用干粉灭火器、七氟丙烷灭火器扑救。

(6)当衣服烧着时,切忌奔走,可用衣服、大衣等包裹身体或躺在地上滚动,以进行灭火。

(7)当发生火灾时,应注意保护现场;对较大的着火事故应立即报警。

7.2 应急喷淋与洗眼装置

应急喷淋与洗眼装置是在有毒有害危险实验环境下使用的应急救援设施,要保证其安全有效及正确使用。

7.2.1 存在燃烧、腐蚀等风险的实验区域,须配置应急喷淋与洗眼装置

【检查要点】

对存在燃烧和腐蚀风险的实验区域,在每个楼层应按需配备合适数量的应急喷淋与洗眼装置,在走廊上应有显著的引导标志。有条件的学校可以在每个实验室配备应急喷淋与洗眼装置。应对实验人员进行充分的理论及操作培训,使其熟练掌握应急喷淋与洗眼装置的使用方法[77]。

【误区提示】

(1)未对存在燃烧和腐蚀风险的实验区域配备应急喷淋与洗眼装置。
(2)实验楼已配备应急喷淋与洗眼装置,但在走廊上无明显的引导标志。
(3)实验人员不能熟练、正确使用应急喷淋与洗眼装置。

7.2.2 应急喷淋与洗眼装置安装合理,并能正常使用

【检查要点】

应急喷淋与洗眼装置的安装地点与实验操作区之间通道通畅,距离不超过30 m,建议最远距离为15 m,步行10 s即可到达。应急喷淋与洗眼装置的安装位置合适,应与危险实验室在同一楼层,最好可直线到达,畅通无障碍。对于危险系数较大的实验室可单独在室内安装应急喷淋与洗眼装置,还可以在走廊上安装。因为只有紧急状况下才使用,所以在走廊上安装时,也可以不做排水口。应急喷淋与洗眼装置的拉杆位置合适、方向正确,以用右手拉动顺手、够得着为宜。应急喷淋与洗眼装置的水

管总阀应处于常开状态。应急喷淋与洗眼装置周围、喷淋头下方410 mm范围内无障碍物,确保畅通无阻[78]。

应急喷淋与洗眼装置是专业的救援设施,有严格的技术指标和安装要求,不能以普通淋浴装置替代应急喷淋与洗眼装置[79]。

应急喷淋与洗眼装置应接入生活用水管道,不能接入消防用水,应至少以1.5 L/min的流量供水,水压适中,水流畅通、平稳、柔和,喷出高度以8~10 cm为宜[80]。

【误区提示】

(1)应急喷淋与洗眼装置的安装地点距实验操作区的距离太远;应急喷淋与洗眼装置的安装地点与实验操作区之间的路径不畅通,不能直线到达;应急喷淋与洗眼装置的安装位置不合适、数量少,例如,对面积大的楼层,只在厕所安装1个应急喷淋与洗眼装置。

(2)应急喷淋与洗眼装置的拉杆位置不合适,不方便进行应急喷淋与洗眼操作;出水阀拉杆的安装方向为反向(正确方向为向下拉出水)。

(3)应急喷淋与洗眼装置总阀关闭,拉不出水;应急喷淋与洗眼装置附近有杂物堆积,在紧急状态下无法顺畅使用。

7.2.3 定期对应急喷淋与洗眼装置进行维护

【检查要点】

经常对应急喷淋与洗眼装置进行维护,擦拭洗眼喷头,无锈水、脏水。定期检查应急喷淋与洗眼装置,建议每月检查1次,并做好记录。检查内容:出水是否通畅、水质是否清洁、装置是否破损。应将检查记录表挂在应急喷淋与洗眼装置附近,记录完整,并有检查人签名[81]。

【误区提示】

(1)对应急喷淋与洗眼装置缺少定期检查维护,无检查记录表。
(2)应急喷淋与洗眼装置不出水,或出锈水、污水。
(3)应急喷淋与洗眼装置无防尘盖或防尘盖未复位,破损后未能及时修复。

知识拓展

应急喷淋与洗眼装置

应急喷淋与洗眼装置属于通用防护装备,包括有洗眼器和喷淋器两套装置,既可用于眼部、面部的紧急冲洗,也可用于全身淋洗,也有单独设置的应急洗眼器。

(1)应急喷淋装置:当化学物质喷溅到实验人员衣服或者皮肤上时,应立刻用大量的水进行清洗(如果是浓硫酸碰到皮肤,则应立即用干布擦去后再用水冲洗)。如果皮肤受损面积较小,则可直接用水龙头或手持软管冲洗;如果身体受损面较大,则须使用应急喷淋装置。此外,应急喷淋装置大部分都配有洗眼器,也就是专门针对眼睛的喷淋装置,可在第一时间快速冲洗眼部,以减少眼睛所受的伤害。

应急喷淋装置的使用方法如下。①躯体伤害:脱去污染的衣物,用手向下拉阀门拉杆,水从喷淋头自动喷出;站到应急喷淋装置喷头的下方,先用大量清水冲洗全身,注意不要隔着衣物冲洗受伤部位,连续冲洗时间不得少于 15 min,再根据实际情况决定是否就医治疗。②眼部伤害:用配置的洗眼器冲洗眼睛,使用方法见下文叙述。

(2)应急洗眼装置:在实验室内的眼部可能受到腐蚀材料伤害的场所需要提供应急洗眼装置,又称洗眼器。洗眼器应安装在室内紧急位置,且明显和易取的地方,应保持洗眼水管的通畅,以便于实验人员紧急时使用。在实验过程中,遵循了所有注意事项后,如发生腐蚀性液体或生物危害液体喷溅至实验人员眼睛的情况,则实验人员应该在就近的洗眼装置上,用大量缓慢水流冲洗眼睛 15~30 min。

洗眼器的使用方法:取下洗眼器盖,眼睛靠近出水口,用手指撑开眼帘,用手轻轻推开阀门,清洁的水源就从洗眼器喷头处自动喷出;双眼靠近洗眼器喷头,用大量清水冲洗眼睛;冲洗时,眼睛要睁开,眼珠要来回转动;冲洗眼睛的时间不得少于 15 min,冲洗后再行就医治疗。

7.3 通风系统

实验室通风系统是指通过空气流动来实现实验室内污染物排除和新鲜空气补充的系统。通风系统主要解决的是工作环境所带来的实验人员的身体健康和劳动保护的问题。

7.3.1 有需要的实验场所应配备符合设计规范的通风系统

【检查要点】

1. 通风系统配置

对存在危险气体暴露的实验室场所应配备符合要求的通风系统;对建设了排风系统的实验室应安装新风系统。应根据通风系统排出的有害物质的种类、性质以及阻力损失的大小来选择管道风机的材质。例如,用于输送含腐蚀气体的空气时,管道风机须防腐;对使用可燃气体的场所宜采用防爆风机;用于输送含尘量较高的空气时,应采用耐磨风机[82]。

2. 安装运行要求

实验室的通风系统运行正常,柜口面风速为 0.35~0.75 m/s(通常设置为 0.5 m/s)。对通风系统要定期进行维护、检修,并做好记录,以使其保持良好的运行状态[83]。

3. 风机安装要求

应将排风机设在建筑物之外,对排除有害气体的风机不能安装在室内。在排风机吸风侧的管段处应设消声装置。屋顶的风机应固定、无松动,对其应设减振装置,以使其无异常噪声[84]。

【误区提示】

(1)对存在危险气体暴露的实验场所未配备符合要求的通风系统;对可产生腐蚀

气体的实验场所的管道风机未采用防腐材料;在使用可燃气体的场所未采用防爆风机。

(2)实验室通风系统不能正常运行;柜口面风速不在规定范围内;对通风系统未定期进行维护、检修,无维护、检修记录。

(3)屋顶风机固定不牢、有噪声。

7.3.2 通风柜配置合理、使用正常、操作合规

【检查要点】

1. 通风柜尾气处理

当实验室排出的有害物质浓度超过国家现行标准规定的允许排放标准时,须采取净化措施,做到废气达标排放。根据有毒有害气体的特点,须在通风柜的管路上安装有毒有害气体的吸附或处理装置,例如,对有机气体可配置活性炭吸附等净化装置,对无机气体可配置水喷淋、光催化分解、吸收液吸收等净化装置[85]。

2. 使用通风柜的情形

通风柜是实验室内常见且重要的局部排风装置,可以对局部污染源进行有效控制,以免实验人员吸入有毒有害气体。任何可能产生有毒有害气体而导致个人曝露,或产生可燃、可爆炸气体或蒸气而导致积聚的实验,都须在通风柜内进行[86]。

3. 通风柜的规范使用

在通风柜内搭建实验装置时,可将玻璃视窗开启到最高处。进行实验时,可将通风柜玻璃视窗开至离台面 10~15 cm,以保持通风效果,并保护操作人员胸部以上部位。实验结束后,应将通风柜内的设备电源关闭,将所有水、电、气开关关闭,并将调节门降至最低位置。实验人员在通风柜内进行实验时,应避免将头伸入调节门内;不可将一次性手套或较轻的塑料袋等留在通风柜内,以免堵塞排风口。严禁在通风柜内放置过多物品、器材,以免干扰空气的正常流动,造成扰流。应将必要的实验物品、器材放置在距离调节门内侧 15 cm 以上,以免掉落。不得将通风柜作为化学试剂存放场所。对玻璃视窗材料应采用钢化玻璃[87]。

【误区提示】

(1)未在通风管路上安装有毒有害气体的吸附或处理装置,或已安装,但未及时更换活性炭、吸收液等介质,排风系统排出的有毒有害物质浓度不达标。

(2)有风险的实验未在通风柜内进行,或在未开启的通风柜内进行。

(3)使用通风柜不规范,例如,将头伸入通风柜内,将较轻的纸张、塑料袋留在通风柜内,阻塞排风口;在通风柜内放置大量物品。

警示案例

某高校封管爆炸事故

事故经过:

2004 年 11 月 23 日,某高校李某在进行实验时,往玻璃封管内加入氨水 20 mL,硫酸

亚铁 1 g,原料 4 g,加热温度 160 ℃。李某在观察油浴温度时,封管突然发生爆炸,整个反应体系被完全炸碎。李某额头受伤,幸亏当时戴防护眼镜,才使双眼没有受到伤害。

事故原因:

玻璃封管不耐高压,且在反应过程中无法检测管内压力。氨水在高温下变为氨气和水蒸气,产生较大的压力,致使玻璃封管爆炸。

安全警示:

化学实验必须在通风柜内进行;密闭系统和有压力的实验必须在特种实验室内进行。

7.4 门禁监控

实验室门禁智能管理系统和视频监控系统可有效避免实验室管理过程中的各种隐患,提高实验室的综合管理水平和管理效率。

7.4.1 重点场所须安装门禁和监控设施,并有专人管理

【检查要点】

在剧毒化学品、病原微生物、放射源、核材料存放点等重点场所,须安装门禁和监控系统。有专人管理重点场所门禁,重点场所监控应与学校安保监控系统相连[88]。

【误区提示】

(1)重点场所未安装门禁和监控设施,或已安装,但监控不到位,存在图像模糊、辨识不清等问题。

(2)无专人管理门禁,重点场所监控未与学校安保监控系统相连。

7.4.2 门禁和监控系统运转正常,与实验室准入制度相匹配

【检查要点】

1. 门禁监控管理要求

监控不留死角,摄像头应为标清以上,图像清晰可辨,建议视频记录存储时间不少于 30 d。要有日常管理记录,人员出入记录可查,必要时 24 h 值守。实验室对门禁系统实行授权管理,门禁系统要与实验室准入制度相匹配,以实现对人员的有效管理[89]。

2. 门禁断电应急预案

门禁系统应有断电应急预案,如果遇火灾事故或毒气蔓延而停电,则电子门禁系统应是开启状态,或有备用机械钥匙,由内向外方便打开,不影响应急逃离[90]。

【误区提示】

(1)监控未实现全区域、全过程、全覆盖,存在盲区;视频记录的存储时间少于 30 d;实验室未实行门禁管理,或未实行准入制度。

（2）门禁系统未设立断电应急预案，电子门禁系统在停电时处于关闭状态。

7.5 实验室防爆

运行环境中存在易燃易爆体的实验室，必须满足安全实验室防爆规范要求。

7.5.1 有防爆需求的实验室须符合防爆设计要求

【检查要点】

对有防爆需求的实验室应按照防爆要求进行设计，安装有防爆开关、防爆灯等，并按要求配置防爆柜、防爆冰箱等。对使用气体或产生气体的实验室须安装必要的气体报警系统、监控系统、断电应急系统及断水应急系统等[91]。

对可燃气体管道，须在其进、出口处科学选用和安装阻火器。阻火器为安全设施，对其应当定期检查、维护保养，确保其能正常使用[92]。

采取有效措施，避免或减少出现危险爆炸性环境，避免出现任何潜在的有效点燃源。例如，加强实验室内的通风，以使爆炸物的浓度控制在爆炸限以下；确定设备的潜在点燃源，并采用相关措施，以防止它们成为有效点燃源[93]。

【误区提示】

（1）对防爆实验室未按照防爆要求进行设计，未安装防爆开关、防爆灯等，未安装必要的气体报警系统、监控系统等。

（2）实验室有产生可燃气体的装置，但在其进、出口处未安装阻火器；未对实验室内进行通风，未将爆炸物的浓度控制在爆炸限以下。

7.5.2 应妥善防护具有爆炸危险性的仪器设备

【检查要点】

若在实验过程中使用的仪器设备具有爆炸的危险性，则应当对仪器设备安装合适的安全罩，以进行防护[94]。

【误区提示】

未对有爆炸危险的仪器安装合适的安全罩，或安装的安全罩起不到防护作用。

第7章巩固练习

（徐　军　唐　敏）

第 8 章

基础安全

基础安全管理规范是做好实验室安全管理的基础。高校实验室现代化程度高，开展的实验项目多，用电、用水的规模大，由于对实验室水电疏于管理或设备老化而产生的事故也逐年上升。个体防护用品是防止实验室有害因素侵害的第一道防线，正确选择和使用个体防护用品，是防范突发事件、维护实验操作安全和人员健康的重要措施。因此，确保实验室基础安全是师生顺利完成各类教学、科研活动的前提和保障。

本章包括用电、用水基础安全，个体防护，其他等 3 个方面，涉及实验室安全检查项目 7 个、检查要点 20 个，提出了做好用电、用水基础安全，个体防护及其他注意事项，为学校开展实验室的基础安全检查和管理提供了依据和指导。

8.1 用电、用水基础安全

为保证用电、用水基础安全，实验室的水电设施要符合规定，实验人员要掌握用电、用水常识，合理用电、用水。

8.1.1 实验室用电安全应符合国家标准（导则）和行业标准

【检查要点】

1. 用电功率匹配

应根据实验室用电设备的用电量来综合考虑实验室的电容量，实验室设计的电容量应大于总用电量。实验室的插头、插座应与用电设备功率匹配，其用电负荷不能超过允许的最大用电负荷。实验室配电装置的维修维护、升级改造应由专业的电工来实施，实验人员及其他人员不得私自改装、扩充配电箱，不得私自增加多联插座[95]。

2. 电源插座固定

应将电源插座有效固定在符合规范的位置，发现其松动时，应及时报修[96]。

3. 漏电保护

实验室应配备符合要求的空气开关和漏电保护器。对个别电气设备应单独配备空气开关和漏电保护器。空气开关和漏电保护器的选用和安装要与用电设备的用电负荷匹配,以满足发生用电故障时的分断要求[97]。

4. 合理布线

实验室布线及电器安装必须符合安全规定。对实验室进行布线、新接电线电缆、安装插座等要经后勤保障部门核准,并请专业人员完成,不得私自乱拉乱接电线电缆。

5. 插座、接线板的使用要求

接线板串联供电容易导致有限的接触面积发热而产生安全隐患,禁止用多个接线板串接供电。当接线板被直接置于地面时,容易因为地面潮湿、粉尘多等原因导致短路,同时,置于地面的电线易绊倒实验人员并引起事故,因此,不宜将接线板直接置于地面[98]。

6. 插座、接线板的质量要求

对实验室内的插座、接线板应使用符合国家质量认证的合格产品,不使用不合格产品。禁止使用老化的线缆、花线、木质配电板、有破损的接线板。实验人员发现使用老化的线缆、花线和木质配电板,接线板有烧焦变形、破损等安全隐患时,应及时更换整改。

7. 电线绝缘处理

禁止裸露任何带电体,对不可避免的裸露部分用绝缘胶布进行妥善处理,确保电线接头绝缘可靠,无裸露连接线。当电线走明线时,需要用电线线槽和盖板等对其加以防护。在易受机械损害的场所内应使用钢导管对线缆进行保护[99]。

8. 大功率电器的使用

实验室应加强对大功率(1200 W 以上)仪器设备的用电管理。对大功率仪器设备(包括空调等)应使用专用插座和保护装置,禁止使用一般的接线板供电。对需要 24 h 使用的大功率仪器设备应有专人值守,以随时掌握用电安全情况[100]。

9. 及时断电

实验人员离开用电现场,或电气设备长期不用时,应切断电源。实验结束,对使用完毕的仪器设备应及时断电。实验人员应在实验室的显著位置张贴"用电后及时断电"等提示语[101]。

10. 配电箱安全

配电箱前不应有物品遮挡,并应便于操作,在其周围不应放置烘箱、电炉、易燃易爆气瓶、易燃易爆化学试剂、废液桶等;配电箱的金属箱体应与箱内保护零线或保护地线可靠连接[102]。

【误区提示】

(1)实验室设计的电容量与实际仪器设备的总用电量不匹配。

(2)实验室未配备符合要求的空气开关和漏电保护器;实验室已安装空气开关和漏电保护器,但不能对其安装处的预期短路电流进行分断。

(3)实验人员未遵守管理要求,私自改装插头、插座;电源插座松动,未及时报修;

接线板串联供电,接线板被置于地面。

(4)实验室内的插座、接线板使用"三无"产品;插座、接线板出现烧焦变形、破损时未及时更换。

(5)存在乱拉电线的现象,电线存在年久失修的问题;对有电源接线的部位未做绝缘处理;串联多个接线板,为多个仪器设备工作。

(6)对大功率仪器(如空调)未采用专用插座。

(7)大功率仪器 24 h 不间断供电,未安排专人值班;实验结束后,未及时对设备进行断电。

(8)配电箱被其他物品遮挡,配电箱靠近烘箱、电炉、易燃易爆气瓶、易燃易爆化学试剂、废液桶等。

警示案例

国外某高校学生被电击后"起死回生"

事故经过:

国外某高校大学生在实验室走廊里不慎碰触年久失修的电线,被电击倒,当场停止了呼吸。幸亏现场有两名医生发现后立即施救,对其进行了人工呼吸和胸外按压,这些果断的措施起了决定性作用,避免了其由临床死亡转为生理死亡。随后该学生被转入医院,经过坚持不懈地抢救,18 d 后其慢慢睁开了眼睛,创造了"起死回生"的人间奇迹。

事故原因:

实验室走廊里电线年久失修,没有警示标识,学生在路过时不慎触碰,被电击倒。

安全警示:

对年久失修、老化的电线必须及时维修。在未修好之前应该按照相关规定标有警示标识,以防行人触电。当行人行走在有电线的道路上时,要注意观察电线,以防触碰,导致触电。该案例还说明,在对触电者实施救援时,应坚持不懈、不间断地进行抢救,切不可轻易终止,即使在运送途中也不可终止抢救。

8.1.2 给水、排水系统布置合理,运行正常

【检查要点】

1. 用水设施完好

用水设施出现问题后应及时维修。水槽、地漏及下水道堵塞应及时疏通。水龙头、阀门、上水管、下水管无破损,做到不滴、不漏、不放任自流[103]。

2. 连接管完好

对实验室内的各连接管应定期检查、维护疏通,并做好记录。对于橡胶管连接处应用金属卡加固。各类连接管无老化、破损(特别是冷却冷凝系统的橡胶管接口处)。对冷却冷凝系统的橡胶管应采用厚壁橡胶管,用水流量要适宜,以防止因用水压力过

高而导致橡胶管脱落。若连接管发生老化、破损,则应及时更换[104]。

3. 总阀管理

各楼层及实验室的各级水管总阀处须有明显的标识。实验人员应清楚所在楼层及实验室的各级水管总阀的位置,一旦发生水管破裂跑水,应能及时关闭总阀。实验人员应定期检查水管总阀的完好情况[105]。

【误区提示】

(1)当用水设施设备出现滴水、漏水或堵塞问题时,实验人员未能及时发现、及时报修。

(2)未对连接管处用金属卡进行加固,水压过高时易导致脱落;实验人员未定期检查连接管,当连接管出现老化时,未能及时更换。

(3)实验人员对实验室楼层的总阀及各分级总阀的位置完全不清楚,在发生水管破裂时,不能及时关掉总阀。

警示案例

某高校化学楼循环冷却水彻夜开启引发跑水事故

事故经过:

2013年4月20日,某高校化学楼实验室发生跑水事故,导致楼下新装修的房屋受损,室内大量贵重的精密仪器险被浸泡。学校根据实验室安全管理的相关规定给予该当事人严肃处理,并让其承担部分仪器的检查、维修费用。

事故原因:

经查,事故原因为当事人做过夜反应,使循环冷却水彻夜保持开启状态而无人看守。由于夜间实验少,水压增大,致使循环水的进水管从球形冷凝器上脱落,从而导致跑水事故的发生。

安全警示:

该事故提醒我们,跑水事故是实验室中容易被忽略,但是同样可能造成重大损失的事故类型。跑水事故发生的原因:水龙头或截门损坏及破裂;水管老化;冬季暖气管爆裂;遇突然停水后忘记关闭水龙头及阀门,来水后无人在现场导致跑水;下水管道因长期失修而发生堵塞;水压忽然增大,致使循环水进、出水管脱落,而未被及时发现,导致跑水。这一点需要实验室管理人员和师生引起重视。

8.2 个体防护

个体防护是指在实验过程中用以防护人体不为环境中的不良因素(如粉尘、有害气体、有毒物质、传染源等)危害的一种措施。实验人员应根据不同级别实验的安全水平和工作性质选择合适的个体防护用品,并掌握正确的使用方法。

8.2.1 实验人员须配备合适的个体防护用品

【检查要点】

1. 防护服

进入实验室的人员,应根据危险源的种类穿着质地合格、尺寸合适的实验服或防护服。未穿符合要求的实验服或防护服的人员不得进入含有可对人体造成伤害危险源的实验室[106]。

2. 其他防护用品

进入实验室的人员应按需要戴防护眼镜、防护手套、防护帽、呼吸器或面罩(呼吸器或面罩应在有效期内,不用时应密封放置)等。在所有易发生潜在眼睛损伤的环境中,应根据实验要求按需佩戴质量合格、尺寸合适的防固体碎屑、防化学溶液或防辐射的安全防护眼镜。进行涉及不同的有害化学物质、病原微生物、高温或低温的实验前,应根据不同防护要求,选择对应种类和材质的防护手套。进入存在挥发性毒物、溅射危险、弧光和辐射光线的实验室前,应按需戴防护面罩[107]。

3. 谨慎佩戴隐形眼镜的情形

空气中的腐蚀气体、飞溅出的腐蚀性化学试剂及高温环境都会对隐形眼镜造成腐蚀溶解,从而对佩戴者的眼睛造成损伤。进行化学、生物安全和高温实验时,实验人员须谨慎佩戴隐形眼镜[108]。

4. 饰品着装要求

实验人员在操作机床等旋转设备时,为避免服饰、头发卷入机器对人体造成损伤,不应佩戴长围巾、丝巾、领带等,应将长发盘在工作帽内,也不应佩戴吊坠、项链、手链等首饰[109]。

5. 非实验区安全规范

穿着化学、生物类实验服或戴实验手套出入非实验区,会使附着在实验服或实验手套上的化学试剂、细菌污染非实验区环境。穿着化学、生物类实验服或戴实验手套后,不得随意进入会议室、办公室、休息室、餐厅、电梯等非实验区。戴实验手套的手不得接触门把手、电梯按钮等实验环境以外的其他物体[110]。

【误区提示】

(1)实验人员未穿防护服或实验服进入实验室进行实验;实验人员所穿的防护服与危险源的种类不符;实验人员未正确穿着防护服,如卷起袖子、敞开衣襟等。

(2)实验人员未佩戴与风险因素相匹配的防护眼镜;实验人员在进行可能对眼睛造成损害的实验时,未佩戴安全防护眼镜;防护眼镜数量不足,不能满足专人专用的要求。

(3)实验人员进行化学、生物安全和高温实验时,佩戴隐形眼镜。

(4)实验人员在操作旋转设备时,穿戴长围巾、领带、长裙、吊坠等服饰或饰品;实验人员在操作旋转设备时,未戴帽或未将长发束于帽内。

(5)实验人员穿着受化学试剂、细菌污染的个体防护用品后进入非实验区。

⚠ 警示案例

两滴试剂夺走化学巨星的生命

事故经过:

凯伦·韦特豪恩(Karen Wetterhahn),一位在有毒金属研究领域的著名专家,20世纪90年代在美国达特茅斯学院化学实验室担任职务,主要研究有毒金属暴露对有机体的毒性。1996年8月的一天,她完成了一项观察二甲基汞的实验任务,准备将仪器和试剂收拾整齐。不料,两滴液体从移液管中掉落到了她的乳胶手套上。这个意外发生后,她马上按照程序清理了现场,摘下手套,洗净双手,离开了实验室。离开实验室后,她开始感觉到身体的变化。她发现自己无法集中注意力,即使保证有足够的睡眠,也无法提高精神状态。然而,这些变化并没有引起她的注意,直到有一天她在步行上班时,突然无法保持身体平衡,才意识到问题的严重性。

1997年1月的一天,48岁的凯伦·韦特豪恩因为平衡感、语言以及身体动作持续退化而进了急症室就医。检查发现,她的血液中汞的含量超过正常值4000倍,估计她吸收了大约1440 mg的二甲基汞。医生告诉她,她的身体严重中毒,导致中毒的"元凶"正是她在实验室里接触到的二甲基汞。1997年6月,她经医治无效去世。她的悲剧给他人敲响了警钟。

事故原因:

事故原因为危险性化学实验个体防护不当。实际上,当时大家也不知道二甲基汞可以穿透各种乳胶手套,她戴的手套形同虚设。现在那些需要做二甲基汞实验的人要戴两副特制的防护手套。

安全警示:

从该事件可以看出,学习实验室安全防护装备的知识是非常有必要的。此次事件也引起了人们科研实验安全意识的提高。在进行化学实验时,科研人员应该时刻保持警觉,遵守实验室的安全规定,佩戴适当的防护用品。

8.2.2 个体防护用品合理存放,存放地点有明显标识

【检查要点】

个体防护用品包括防护服、防护眼镜、防护面具、防护手套、安全帽等。对在紧急情况需使用的个体防护用品应分散存放在安全场所,以便于取用。存放防护用品的地点应选择在环境干燥、密封且应离使用地点较近的场所。存放地点应有明显标识,须注明防护用品的种类、数量、有效期等信息[111]。

【误区提示】

(1)对个体防护用品未按实验室要求存放在指定位置。

(2)个体防护用品被存放在不易取用的地方,存放地点没有明显的标识。

> **警示案例**

某研究所危险化学品伤害事故

事故经过：

2008年，上海某有机化学研究所某博士生在使用过氧乙酸时，没戴防护眼镜，结果过氧乙酸溅到眼睛，致使双眼受伤。同年，另一位博士生在使用三乙基铝的时候，不小心弄到了手上，由于没有戴防护手套，出事后也没有立刻用大量清水冲洗，结果造成左手皮肤严重灼伤，需要植皮。

事故原因：

两起事故的共同特点：麻痹大意，未按照安全规则操作。如果戴了防护眼镜、防护手套的话，后果就不会这么严重。

安全警示：

在接触腐蚀性化学品的实验操作时，要严格按照安全规则操作，戴防护眼镜、防护手套。

8.2.3 各类个体防护用品的使用有培训及定期检查维护记录

【检查要点】

定期对师生进行个体防护用品的使用、维护等方面的培训，并做好培训记录。建立个体防护用品管理制度，定期对个体防护用品的存放和使用情况进行检查，并做好检查记录。对个体防护用品进行定期维修、维护，并做好记录，定期检测个体防护用品的性能和效果，对于损坏、失效的防护用品应及时更换，确保防护用品安全有效[112]。

【误区提示】

(1) 未开展个体防护用品使用培训，无培训记录。

(2) 未对个体防护用品进行定期维修、维护，无相关记录；未及时更换损坏、失效的防护用品。

8.3 其 他

8.3.1 危险性实验（如高温、高压、高速运转实验等）时必须有两人在场

【检查要点】

1. 危险性实验要求

进行安全风险较高的实验（如高温、高压、高速运转、含有毒化合物、含传染源等实验）时，须有两位或两位以上实验人员在场。进行危险性实验时，不得在实验结束

前擅自离开实验岗位,如需离开,则应暂停实验或终止实验,或请熟悉实验情况的人员代替做实验。进行危险性实验时,必须做好记录,记录实验时间、实验内容、实验人员等信息,并由参与人员签字。

2. 通宵实验要求

应建立健全通宵实验审批制度。实验人员在进行通宵实验前,需经过主管安全的教师或导师核准通过,并做好备案登记。进行通宵实验时,必须有两人或两人以上实验人员在场。进行通宵实验时,必须做好记录,记录实验时间、实验内容、实验人员等信息,并由参与人员签字[113]。

【误区提示】

(1)实验人员独自进行危险性实验,无其他人在场;在危险性实验进行过程中擅自离岗;进行危险性实验时,实验人员未做好记录或记录不完整。

(2)未建立健全通宵实验审批制度;未获得审批许可,就进行通宵实验。

【警示案例】

江苏某高校实验室甲醛泄漏事故

事故经过:

2012年2月15日14:00许,江苏某高校化学教师由于没有遵守实验室规定,导致学校北大门的一幢化学楼内5 L甲醛反应釜发生泄漏,事故中不少学生喉咙痛、流眼泪、感觉不适。事发后约200名学生被紧急疏散,所幸未出现人员伤亡。

事故原因:

当时这名教师正在实验室里进行有关甲醛的反应釜实验,但是中途出去了两三分钟,就在这段时间内发生了甲醛泄漏事故。这名做实验的教师中途离开的行为违反了实验室规定,学校按规定进行了处理。

安全警示:

对学校的危险化学品及容器应当严格执行检测和年检规定。进行实验时,应当严格检查,将反应釜盖子拧紧,以免气体发生泄漏。进行危险性实验时,不得在实验结束前擅自离开实验岗位。发生意外情况时,须严格执行应急处置流程,尽快采取应急措施,避免出现严重后果。

8.3.2 实验台面整洁、实验记录规范

【检查要点】

对实验室的仪器设备、化学试剂、物品等须合理存放,摆放整齐,避免杂乱无序。实验结束后,须将仪器设备、化学试剂、物品等回归原位,并将实验室卫生打扫干净,保持实验室卫生及实验室台面整洁卫生。实验结束后,对未使用完的易制毒、易制爆、有毒腐蚀等化学品,应及时存于专用暂存柜,或返回库房,并做好台账记录。进行

实验时,必须及时做好实验记录,记录内容包括实验时间、实验内容、实验人员等信息[114]。

【误区提示】

(1)实验室台面物品摆放杂乱无章,实验室环境卫生差;实验结束后,随意摆放物品。

(2)进行实验时,未做好实验记录或记录不完整。

! 警示案例

北京某高校违规操作导致安全险情

事故经过:

2020年8月20日13:00,某学生在北京某高校生物楼329动物生理学研究室开展包埋实验,使用水浴锅加热石蜡,中途离开了实验室。13:20许,生物楼保安员收到该实验室烟感报警,并及时赶到现场切断了电源,开窗通风。该险情系水浴锅加热石蜡干烧冒烟引发烟感报警,无明火。

事故原因:

据现场勘察,此次险情发生的直接原因是实验期间实验人员脱岗离开实验室,实验无人值守,水浴锅加热石蜡干烧冒烟引发烟感报警;间接原因是实验室安全管理及安全教育培训不到位。

安全警示:

加强实验室安全管理,实验过程中严禁擅自离岗。夜间禁止一人单独开展实验。

第8章巩固练习

(卢娇娇　王绍华)

第 9 章

化学安全

危险化学品被公认是风险最高和防控最难的一类安全因素。危险化学品是指具有毒害、腐蚀、爆炸、燃烧、助燃等性质,对人体、设施、环境具有危害的剧毒化学品和其他化学品。危险化学品种类繁多、涉及面广、性质复杂,对环境和健康极具危害。若对危险化学品缺乏安全使用知识,在危险化学品的生产、储存、操作、运输、废弃物处置中防护不当,则有可能发生损害健康、威胁生命、破坏环境及损失财产的事故。正确了解危险化学品的特性,懂得危险化学品的储存、运输、使用和废弃处理等对人员与环境安全具有重要意义。

本章包括危险化学品储存区,危险化学品购置,实验室化学品存放,实验操作安全,管制类化学品管理,实验气体管理,实验室化学废弃物的收集、分类和转运等7个方面,涉及实验室安全检查项目26个、检查要点68个,对实验室危险化学品的管理提出了具体、有效的管控方案,可为实验室危险化学品管理提供技术指导,确保实验室危险化学品使用安全。

9.1 危险化学品储存区

危险化学品存储区是指专门用来存放危险化学品的区域,其建设标准和要求需要符合相关法律、法规和国家标准的要求。危险化学品存在的潜在风险和危害不容小觑,危险化学品存储区的安全管理更是危险化学品管理的头等大事。

9.1.1 学校建有危险化学品储存区并规范管理

【检查要点】

1. 有规范的危险化学品储存区

学校须建有危险化学品储存区,分区科学,标识清楚。危险化学品储存区须有通风、隔热、避光、防盗、防爆、防静电、泄漏报警、应急喷淋、安全警示标识等技防措施,符合相关规定,有专人管理[115]。

2. 危险化学品储存区的消防设施

危险化学品储存区的消防设施符合国家相关规定,正确配备灭火器材,如灭火器、灭火毯、砂箱、自动喷淋装置等。对有易燃易爆试剂的房间,应安装防爆电器,如防爆照明灯、开关、换气扇、空调等,安装 24 h 监控系统并与学校消防控制中心联动。应将应急喷淋与洗眼装置安装在室外方便操作处[116]。

3. 实验楼内的危险化学品储存区

不得将危险化学品储存区建设在地下或半地下及实验楼内。若只能在实验楼内存放,则应按照实验室的标准进行(见"9.3 实验室化学品存放")[117]。

4. 危险化学品存放分区科学

对危险化学品储存区的试剂应按照配伍禁忌原则分区分类、规范存放,不得混放,整箱试剂的叠加高度应不大于 1.5 m。不能将危险化学品与废弃物存放在同一区域,以免混淆[118]。

【误区提示】

(1)实验室没有规范的危险化学品储存区;将防火安全等级不够的建筑物、集装箱用来长期存放危险化学品。

(2)危险化学品储存区的安防、消防设施不完善,消防救援器材配备不足;危险化学品储存区没有监控系统,或有监控系统,但未与学校消防控制中心联动;应急喷淋与洗眼装置离危险化学品储存区较远,或被杂物阻挡。

(3)在地下室设立危险化学品储存区,并且分区随意;随意找个房间,就当危险化学品储存区使用。

(4)实验室未按照分类规则,随意放置危险化学品;仓库房间数较少,无法做到科学合理地分区;大桶、成箱试剂被放在较高的位置,不利于搬动,隐患大。

> **文件参考**
>
> **《危险化学品安全管理条例》**
>
> 《危险化学品安全管理条例》于 2002 年 1 月 26 日由国务院令 344 号公布,2002 年 3 月 15 日起实施,2011 年 2 月 16 日,国务院第 144 次常务会议修订通过,根据 2013 年 12 月 7 日国务院令第 645 号发布的《国务院关于修改部分行政法规的决定》修订。本条例的适用范围是在我国境内生产、经营、储存、运输、使用危险化学品的各个环节和过程。
>
>
>
> 扫码下载
>
> **《化学品分类和危险性公示通则》**
>
> 《化学品分类和危险性公示通则》(GB 13690—2009)由全国危险化学品管理标准化技术委员会起草,2009 年 6 月 21 日由国家标准化管理委员会发布,2010 年 5 月 1 日开始实施。本标准规定了有关联合国《化学品分类及标记全球协调制度》(GHS)的化学品分类及危险公示,旨在规范化学品的危险性分类和化学品危险性公示工作。
>
>
>
> 扫码下载

> **《危险化学品仓库储存通则》**
>
> 2022年12月29日,《危险化学品仓库储存通则》(GB 15603—2022)经国家市场监督管理总局、国家标准化管理委员会批准发布,2023年7月1日开始实施。本标准是对《常用化学危险品贮存通则》(GB 15603—1995)的修订,规定了危险化学品仓库储存的基本要求、储存要求、装卸搬运与堆码、入库作业、在库管理、出库作业、个体防护、安全管理、人员与培训等内容。本标准适用于危险化学品储存、经营企业的危险化学品仓库储存管理。
>
>
> 扫码下载

9.2 危险化学品购置

危险化学品购置是公安机关严管的内容,申购人对危险化学品购置管理要予以重视,须按照规定的程序购置。

9.2.1 危险化学品采购须符合要求

【检查要点】

学校应建立危险化学品采购管控程序,对实验室采购化学品进行有效的监督。学校须向具有生产经营许可资质的单位购买危险化学品;购买危险化学品时,学校须查看相关供应商的经营许可资质证书,并对复印件进行存档。学校要对危险化学品供应商的经营许可资质进行审核,对供应商的经营许可资质、品目、服务进行有效监管。对进口危险化学品,应当向国务院生产监督管理部门负责办理危险化学品登记的机构办理危险化学品登记。实验室要根据学校要求限量购买危险化学品,不允许超量采购[119]。

【误区提示】

(1)学校从无经营许可资质的供应商处采购危险化学品。
(2)实验室超量采购危险化学品,且对其存放不规范。
(3)实际购买的危险化学品与采购报销发票品名不一致。

9.2.2 剧毒品、易制爆品、易制毒品、爆炸品的购买程序合规

【检查要点】

1. 管制类化学品的采购

剧毒品、易制爆品、易制毒品、爆炸品属管制类化学品。学校应建立管制类化学品采购管控程序,并严格执行。管制类化学品购买前须经学校审批,报公安部门批准或备案后,向具有经营许可资质的单位购买。学校主管部门应保留资料、建立档案,对管制类化学品的流向、存量、使用方向建立动态管理台账。对管制类化学品存量要

严控,实验室应按最小需求量或审批量,从具有管制类化学品采购资质的单位采购,不得随意采购、超量储存。实验室要保存好向上级主管部门的报批记录和学校的审批记录[120]。

2. 管制类化学品的管理

学校应建立管制类化学品验收管理制度,应有专人负责按照合同要求进行验收。验收时,应严格核对管制类化学品的名称、数量、包装、安全标签、安全技术说明书等,经验收合格后方可入库。学校对管制类化学品的验收须特别严格,应有规范的验收记录并存档,有条件的学校应使用信息化手段进行管制类化学品管理,对管制类化学品在最小包装容器上加贴电子标识,以便实现从领用到报废全生命周期的信息化管理[121]。

实验室不得私自从外单位获取管制类化学品,也不得随意将本实验室的管制类化学品提供给其他实验室,或校外单位、个人[122]。

【误区提示】

(1)学校未建立管制类化学品采购审批程序,或程序执行流于形式;学校未建立有效的管制类化学品管理机制,未建立动态管理台账。

(2)学校对管制类化学品未进行验收,无验收记录或记录不完整;实验室未经过学校审批违规采购,或私自从外单位获得管制类化学品;实验室向外单位或个人提供管制类化学品。

9.2.3 麻醉药品、精神药品等购买前须向食品药品监督管理部门申请

【检查要点】

需要采购麻醉药品、精神药品开展实验、教学活动的,学校应当向政府食品药品监督管理部门报批,经报批同意后向定点供应商或者定点生产企业采购。学校应建立麻醉药品、精神药品采购管控程序,对其流向、存量、使用方向建立动态管理台账。学校职能部门应有专人负责麻醉药品、精神药品的申报,并保留资料、建立档案、长期保存。学校应有符合存储麻醉药品、精神药品要求的专用场所[123]。

【误区提示】

(1)学校对麻醉药品、精神药品管理重视不够、审批不严、档案管理不到位、未准确掌握存量信息。

(2)实验室未经过学校审批违规采购、超量存储麻醉药品、精神药品,对其使用管控不严格。

(3)学校无麻醉药品、精神药品的专门存储点,管理不严格。

9.2.4 校内危险化学品的运输安全

【检查要点】

校内危险化学品的运输车辆、运送人员、送货方式等应符合相关规范。危险化学品的运输应采用符合相关法律、法规要求的专用车辆。应当根据危险化学品的危险

特性采取相应的安全防护措施,车上应配备必要的应急处理器材和防护用品。危险化学品的运送人员应当了解所运输的危险化学品的危险特性及其包装物、容器的使用要求和出现危险情况时的应急处置方法。运送、装卸危险化学品时,应当根据危险化学品的危险特性采取相应的安全防护措施,并规范操作[124]。

【误区提示】

(1)采用普通车辆运送危险化学品。
(2)供应商装卸危险化学品时,安全防护措施不足,操作不规范。

9.3 实验室化学品存放

如何安全存放各类化学品已成为实验室安全管理的重中之重。正确的存放方法,可以保证化学品的安全性和稳定性,特别是危险化学品的存放应符合国家法律、法规和其他有关规定的要求。

9.3.1 实验室内危险化学品建有动态台账

【检查要点】

1. 台账管理

实验室应建立危险化学品目录以及动态使用台账,实现对危险化学品存储、领用、处置全生命周期的安全管理。动态台账应主要体现某种危险化学品的进货时间、进货量、使用人、使用时间、用完时间等方面信息。对每一种危险化学品要单独记录,账实相符,不允许将不同的危险化学品记录在同一张纸上。实验室对危险化学品的动态管理可借助危险化学品管理系统等信息化手段来实现。

2. 化学品安全技术说明书

实验室应放置一些危险程度高的化学品安全技术说明书(Material Safety Data Sheet,MSDS)或安全周知卡,以方便查阅。MSDS 有 16 个方面,实验人员往往不需要了解全部内容。安全周知卡是简化版的 MSDS,一般包括化学品名称、危险性、理化性质、预防措施、应急处理、安全储存、废物处置等,安全知识要素简明扼要,便于掌握[125]。

3. 废旧试剂处理

实验室应定期清理废旧试剂,无过期废旧试剂累积现象。化学试剂不像药物一样标明"有效期",但是一些使用过的化学试剂,由于接触空气、转移时污染等情况,会随着放置时间增加而"变质"或降低纯度。化学试剂长期存放,由于存放环境不当或化学试剂溢出,会使包装腐蚀、破损或标签模糊、脱落,形成较大的安全隐患。建议对放置 5 年的化学试剂不再留存。学校或院系应建立化学试剂共享机制,做好化学试剂共享流通,有效减少实验室的过期化学试剂量[126]。

【误区提示】

(1)实验室未建立本实验室的危险化学品目录以及动态使用台账。

(2) 实验室未放置危险程度高的 MSDS 或安全周知卡;危险化学品管理人员和使用者不了解 MSDS,对危险化学品危害的认识较为片面。

(3) 实验室对长期存放的化学试剂未清理;一些化学试剂的标签模糊、脱落。

知识拓展

MSDS

MSDS 在国际上称作化学品安全信息卡。MSDS 是化学品生产商和经销商按法律要求必须提供的化学品理化特性(如 pH 值、闪点、易燃度、反应活性等)、毒性、环境危害以及对使用者健康可能产生危害(如致癌,致畸等)的一份综合性文件,相当于产品使用说明书,以帮助该物质或混合物使用者更好地控制风险。MSDS 共包括 16 个方面的内容。

第一项:化学品名称和制造商信息(Chemical Product &. Company Information)。

第二项:化学组成信息(Composition/Information;on Ingredients)。

第三项:危害信息(Hazards Identification)。

第四项:急救措施(First Aid Measures)。

第五项:消防措施(Fire Fighting Measures)。

第六项:泄漏应急处理(Accidental Release Measures)。

第七项:操作和储存(Handling and Storage)。

第八项:接触控制和个体防护措施(Exposure Controls/Personal Protection)。

第九项:理化特性(Physical and Chemical Properties)。

第十项:稳定性和反应活性(Stability and Reactivity)。

第十一项:毒理学信息(Toxicological Information)。

第十二项:生态学信息(Ecological Information)。

第十三项:废弃处置(Disposal Considerations)。

第十四项:运输信息(Transport Information)。

第十五项:法规信息(Regulatory Information)。

第十六项:其他信息(Other Information)。

在开展化学实验前必须查阅 MSDS,充分了解化合物本身的性质以及在反应过程中可能产生的危险情况,其中,反应时产生的热量、压力、副反应及有毒有害化合物是实验过程中必须关注的环节。

警示案例

广东某高校发生未知试剂瓶炸裂事故

事故经过:

2021 年 7 月 27 日,广东某高校药学院发生了一起实验室安全事故。该校药学院发布通报称,其实验室在清理毕业生遗留在烧瓶内的未知白色固体时,一博士生用水冲洗烧瓶并引发炸裂。炸裂产生的玻璃碎片刺穿该生手臂动脉血管。随后,该生被送到医院救治,伤情得到控制,无生命危险。

事故原因:

初步判断为导致炸裂的未知白色固体中可能含有氢化钠或氢化钙,其因遇水发生剧烈反应而炸裂。

安全警示:

在危险化学品存放处须设置明显的安全警示标识,并且有完整的标签。应健全化学品使用管理制度,防止取而不还。应规范危险废弃物的处置流程,严禁私自处置不明化学试剂。

9.3.2 化学品有专用存放空间并科学有序存放

【检查要点】

1. 储存通用要求

实验室要有专用于存放化学试剂的空间,如储藏室、储藏区、储存柜等,该空间应通风、隔热、避免阳光直射、确保安全[127]。对易泄漏、易挥发的试剂存放设备与地点,应保证有充足的通风条件[128];试剂柜中不能有电源插座或接线板[129]。不要将化学试剂存放在高于1.5 m的货架上,尤其是应将液体试剂存放在视线高度以下。对存放试剂的台架、货架应设置挡板或护栏,各层挡板应有一定高度的围堰,以防化学试剂倾倒、泄漏。不要将化学试剂存放于地面,如确实需要存放于地面,则应增加防撞倒的二次容器或包装。

2. 分类存放要求

对危险化学品应有序分类存放。不混乱放置固体、液体,不得叠放试剂,不得混存有配伍禁忌的化学品,不得混放氧化剂和还原剂。有机溶剂储存区应远离热源和火源。不得开口放置装有试剂的试剂瓶。实验台(架)若无挡板,则不得存放化学试剂。危险化学品分类存放的原则是将不相容化学品分开存放。不相容化学品一旦混合,就会发生剧烈反应,并出现产热、着火、爆炸、降解、生成有毒有害物质等。将不相容化学品存放在一起,即使盖子是密封的,少量逃逸出的气体也会发生有害反应,甚至引发火灾,也可能因打破瓶子而导致事故发生。因此,不得将不相容的、相互作用会发生剧烈反应的化学品混放在一起[130]。

3. 防泄漏要求

实验室应对危险化学品配备必要的二次泄漏防护、吸附或防溢流功能。对在实验室存放的化学试剂应配备必要的二次容器,作为防泄漏装置,也可配备具有隔离作用的二次包装,以有效控制不相容的化学试剂的相互作用和反应。玻璃干燥器可作为隔水的二次容器,来储存遇水反应的活泼金属或氢化物。应在玻璃干燥器内放置干燥硅胶并对其做好密封。因腐蚀性化学试剂储存柜柜体采用PP聚丙烯材料制作,故采购时应特别注意其承重[131]。

【误区提示】

(1) 化学试剂被杂乱地放置在实验台(架)上,或被堆放在通风柜中;实验室未采用合适的储存柜存放化学品;化学试剂靠近加热设备,或被放置在水池边,或被放置于地面;化学试剂被放置在过道、实验室门口等位置,阻碍消防逃生通道。

(2) 化学品分类存放不规范,未按照化学品本质危险属性(配伍禁忌)有序分类存放,各类化学试剂被混放在一起。例如,氧化剂和还原剂被存放在一起、酸和碱被存放在一起等。

(3) 实验室对所存放的化学品未采取必要的防泄漏措施。没有使用二次容器对存储的化学试剂进行危害控制。

警示案例

湖南某高校试剂储存不当事故

事故经过:

2011年10月10日12:40许,湖南某高校化学化工实验室起火,对面实验室学生发现火情,迅速采用灭火器进行灭火,但火势没有得到控制。因该楼房顶为纯木质结构(始建于1960年),故火势迅速蔓延。长沙市公安消防支队指挥中心先后调集五星、麓山门、特勤等6个中队、13台消防车、80余名消防官兵赶赴现场展开灭火救援,到14:10,火势得到控制,15:00时火势才被完全扑灭。整个四层楼内的物品全部烧为灰烬,最后导致火灾面积近790 m^2,直接财产损失42.97万元。

事故原因:

直接原因:起火实验室中的一个水龙头存在故障,时好时坏,但一直未被及时维修,一名学生便在水槽上盖了一块板子,目的是提醒大家水龙头有问题,不要使用。当学生们离开实验室吃午饭时,有故障的水龙头突然出水,水顺着板子流到了旁边的操作台上,又顺着操作台流到了下方的储存柜中,储存柜里放着金属钠、三氯氧磷、氰乙酸乙酯等危险化学品,金属钠遇水发生燃烧,迅速引燃旁边的危险化学品。

间接原因:①学院和实验室对危险化学品管理不到位,没有对未使用完的危险化学品进行严格管理。危险化学品存放条件不符合安全规范,未将遇水自燃的危险化学品放置在符合安全条件的存放场所。②学校后勤保障工作不到位,没有及时维修出现故障的水龙头。③灭火器材配备不完善,普通灭火器不能被用于金属类火灾,进行金属类火灾灭火应使用干沙或专用干粉灭火器。

安全警示:

学院和各实验室应充分重视对危险化学品的管理,保证危险化学品存储符合安全规范,同时学校应加强对危险化学品的集中统一管理,推进智能化管理。若实验室出现问题,则应及时报修,后勤部门应优先解决实验室故障,应根据实际需要配备相应的灭火器。

9.3.3 实验室内存放的危险化学品总量符合规定要求

【检查要点】

1. 存量限制

实验室内存放的危险化学品(不含压缩气体和液化气体)总量原则上不应超过100 L 或100 kg,以降低实验室风险。其中易燃易爆化学品的存放总量不应超过50 L 或50 kg,且单一包装容器不应大于20 L 或20 kg(以50 m² 为标准,存量以实验室面积大小考量),提倡尽可能减少存量。当易燃易爆化学品的存量超过一定量时,应将其存放在防火柜中或安全罐中,以防止实验室火情蔓延至易燃易爆化学品存放点而引发爆炸事故[132]。

2. 风险控制

若实验室常年大量使用易燃易爆溶剂或气体,则应考虑其火灾危险性,须加装泄漏报警器。在储存部位应加装常时排风装置或与检测报警联动排风装置。报警和排风系统联动可以第一时间降低可燃气体的浓度。需要注意的是,应使用防爆风机,对储罐附近的电器应做防爆处理[133]。

【误区提示】

(1)当实验室易燃易爆化学试剂存量超过50 L 或50 kg 时,未将其存放在合规的防火柜中。实验室防火柜未得到相关认证,却大量放置易燃品,存在一定隐患。

(2)未在易燃易爆化学品储存区安装泄漏报警装置,无安全警示标识。

9.3.4 化学品标签应显著、完整、清晰

【检查要点】

1. 化学品标签规范

化学品包装物上应有符合规定的化学品标签。化学品标签应包括化学品名称、浓度、危险性说明、危险象形图、供应商信息等化学品重要安全信息。当将化学品由原包装物转移或分装到其他包装物内时,对转移或分装后的包装物应及时重新粘贴标识。对配制的试剂、反应产物等应张贴有名称、浓度或纯度、责任人、日期等信息[134]。

2. 化学品标签异常处理

实验人员发现化学品包装异常后,应及时检查验证,不准盲目使用。当化学品原标签脱落时,应及时粘贴;当标签模糊、受腐蚀时,应及时补上。如果发现化学品标签不完整且不能确认,则须将其按不明废弃化学品进行处置,或采用技术手段加以定性分析后,再贴好完整标签[135]。

【误区提示】

(1)对实验室配制的溶液、样品等未及时张贴规范的标签;使用饮料瓶存放试剂、样品,且未及时张贴规范的标签。

(2)化学品标签脱落、被腐蚀后,未及时张贴新标签,导致此化学品成为风险较大的未知化学品。

9.3.5 其他化学品存放

【检查要点】

1. 配制试剂需要张贴标签

在配制试剂、合成品、样品等的容器上应张贴统一的试剂标签,且信息明确。标签的信息包括名称或编号、浓度、使用人、日期、存放条件等。实验人员应如实填写标签上必要的内容,禁止乱填写或不填写[136]。

2. 不使用饮料瓶存放试剂、样品

无使用饮料瓶存放试剂、样品的现象;如确需使用,则必须评估其风险及质量保证,特别是其材质是否与样品发生作用,以确保试剂安全;如确需使用饮料瓶存放试剂、样品,则必须撕去其原包装纸,并贴上统一的试剂标签[137]。

3. 不使用破损量筒、试管、移液管等玻璃器皿

量筒、试管、移液管等玻璃器皿破损后,应及时废弃,防止因继续使用而造成割伤[138]。

【误区提示】

(1)学校没有印制统一的试剂标签;学校有印制统一的试剂标签,但标签信息不全;实验室的试剂标签五花八门,填写的信息简单随意。

(2)在配制试剂、合成品、样品等的容器上未贴试剂标签;贴了统一的试剂标签,但信息填写不完整;同时贴有多个试剂标签,试剂标签被多次涂改。

(3)直接使用带原包装纸的饮料瓶存放试剂、样品;存放试剂、样品的饮料瓶已撕去原包装纸,但无试剂的相关信息;直接在存放试剂、样品的饮料瓶原包装纸上改写试剂信息;存放试剂、样品的饮料瓶上原包装纸和试剂标签同时存在。

(4)量筒、试管等玻璃器皿破损后,仍继续使用。

> **警示案例**

香港某高校有毒化学品泄漏事故

事故经过:

2010年9月9日,香港某高校一间实验室内,试剂储存柜内1桶已稀释的丙烯醛出现液体泄漏,并冒出浓烈刺鼻气味,某职员打开时不小心吸入,后被送医治疗。

事故原因:

丙烯醛易挥发,具有很高的毒性,有强烈的刺激气味,过量吸入会损害呼吸道、眼睛、鼻孔及咽喉等,皮肤接触可致灼伤及刺痛感。第一次世界大战期间,丙烯醛曾被用作化学武器,现一般被用作塑料及除草剂的制作原料。盛装丙烯醛的容器老化后发生泄漏,受害人吸入气体引起不适。

安全警示:

易挥发化学品应远离火源,于避光阴凉处保存,通风良好,不能装满。容器应采用耐腐蚀的结实材料,定期检查密封性,及时更新破旧容器。使用时,要仔细小心,严格按照操作规程在通风柜内操作。

9.4 实验操作安全

化学实验存在很大的风险性,操作不当会危及师生的人身安全,因此,要规范实验操作,防范操作中的各种安全风险,确保实验操作的安全性。

9.4.1 制定危险实验、危险化工工艺指导书、各类标准操作规程(SOP)、应急预案

【检查要点】

1. 实验指导书

对于危险性的实验、工艺应组织有专业背景和实验经验的教师进行风险评价,编写危险化工工艺指导书、各类标准操作规程,其内容包括风险控制措施和应急处理方法。实验室应将危险化工工艺指导书、标准操作规程放在方便取阅处或挂在墙上,并做好实验人员培训。实验人员应熟悉实验所涉及的危险性,严格按照危险化工工艺指导书、标准操作规程进行实验。

2. 应急预案

实验室应建立针对特殊危险实验的应急预案,并将其放在方便取阅处。本应急预案是指具有明显专业学科专题特色的应急预案,而非通用的应急预案。实验人员应充分了解特殊危险实验的风险,熟悉应急处理流程与方法,同时,做好应急救援设施和物资准备工作[139]。

【误区提示】

(1)开展危险性实验、工艺无危险化工工艺指导书、标准操作规程;有危险化工工艺指导书、标准操作规程,但放在不易取用的地方,不方便查阅;实验人员未按照危险化工工艺指导书、标准操作规程的要求,违规开展实验。

(2)对危险性实验、工艺无相应应急预案和处理措施;制定的应急预案是通用的,而不是针对特殊、危险实验的;实验人员未通过专门培训,不熟悉危险化工工艺指导书、标准操作规程,不能辨识实验中存在的危险因素。

!警示案例

江苏某高校实验室甲烷混合气体爆炸事故

事故经过:

2015年4月5日10:00许,刘某到江苏某高校化工学院A315实验室做实验。10:30许,向某来到A315实验室,在刘某南边的实验台做甲烷混合气体(甲烷2%)催化剂活性实验。11:40许,宋某也来到了A315实验室,在靠南边窗口位置的桌子上网查找资料。这时,向某做完实验,坐到宋某斜对面整理资料。12:30许,汪某和江某来到A315实验室。他们来到向某做实验的实验台,开始做甲烷混合气体(4月3日自制甲烷混合气体)燃烧实验。12:40左右,甲烷混合气体实验气瓶突然发生爆炸,

造成向某、宋某、刘某3人轻伤,汪某、江某2人重伤,其中汪某经医院抢救无效死亡。

事故原因:

发生事故的实验室为某高校化工学院一名教授的科研工作室,实验人员做甲烷混合气体燃烧实验时,因操作不慎,引发甲烷混合气体爆炸。

安全警示:

在进行易燃易爆气体、化学品的操作前,应详细阅读安全操作手册,充分了解易燃易爆气体的特性及爆炸界限。一旦发生化学品或气体泄漏,就应按照紧急预案进行冷静处理。

9.4.2 危险化工工艺和装置应设置自动控制和电源冗余设计

【检查要点】

1. 自动控制系统

对危险性实验的工艺、装置应进行风险分析,制定安全操作规程和工艺控制指标。针对涉及危险化工工艺、重点监管危险化学品的反应装置,应设置自动化控制系统,以避免人为误操作。对重大危险源涉及的温度、压力、流量、液位计、可燃、有毒气体浓度等工艺指标,应设置超限报警装置和安全控制系统[140]。

2. 电源冗余设计

涉及放热反应的危险化工工艺生产装置,如需连续供电,则应对其设置双重电源供电或控制系统,且应配置不间断电源[141]。

【误区提示】

(1)实验室未对需重点监管的、危险性较高的工艺或装置进行安全风险评估。实验室未对涉及危险化工工艺、重点监管危险化学品的反应装置,按需设置自动安全控制系统,如超限报警、机电联锁互锁、过载保护等,或安全控制系统不能正常工作。

(2)对需连续供电的实验装置,未设置双重电源供电或控制系统,未做到不间断供电。

9.4.3 做好有毒有害废气的处理和防护

【检查要点】

1. 有毒有害废气的处理

对可产生有毒有害废气的实验,必须在通风柜中进行,同时,在实验装置尾端应配有气体吸收装置,进行尾气的第一级处理,以减少废气中排放的有害成分。

2. 有毒有害废气的防护

正确使用通风柜进行实验,应将实验装置放在通风柜内部,离通风柜边缘至少15 cm。进行涉及有毒有害废气的实验时,实验人员应做好个体防护,配备合适有效的呼吸防护用具[142]。

【误区提示】

(1)有实验室通风系统,但设计不合理,通风效果差,或者通风柜不能正常使用。

对有污染的实验未按规范在通风柜内进行,造成房间、楼道异味强烈。

(2)实验人员个体防护不到位,呼吸器的选用、佩戴不规范。

> **警示案例**

上海某高校实验室爆炸事故

事故经过:

2016年9月21日,位于上海松江大学园区的某高校化学化工与生物工程学院一实验室发生爆炸,使2名学生受重伤。当日上午10:30许,实验室3名研究生(二年级研究生1名、一年级研究生2名)进行氧化石墨烯制备实验(3人均未穿实验服,未戴护目镜)。二年级研究生做教学示范,他首先在一锥形瓶中加入750 mL浓硫酸,与石墨混合,随后将1药匙的高锰酸钾放入;在放入之前,二年级研究生告诉2名一年级研究生:"可能会有爆炸的危险!"结果在将药品加入后,即刻发生爆炸。事故造成二年级研究生双目失明,1名一年级研究生有失明的可能性,另外1名一年级研究生受轻伤。

事故原因:

学生没有做好安全有效的个体防护,如果当时戴上护目镜,就会把对眼睛的伤害降到最低;对主要反应物料高锰酸钾进行调整,却在无化学计量的情况下进行,锥形瓶作为容器不能用于后续反应的加热操作;没有进行实验前的风险评价,根据规程本实验需要在冰水浴中进行操作。

安全警示:

做实验前,进行实验安全风险分析,采取有效的控制措施;在实验过程中,选择适当的个体防护用品,采取必要的防护措施。

9.5　管制类化学品管理

管制类化学品主要包括剧毒化学品、易制爆化学品、易制毒化学品3类。另外,国家对麻醉药品、精神药品也实行管制。

9.5.1　剧毒化学品执行"五双"管理(即双人验收、双人保管、双人发货、双把锁、双本账[①]),技防措施符合管制要求

【检查要点】

1. 剧毒化学品的保管要求

对剧毒化学品应实行"五双"管理。对剧毒化学品应配备专门的保险柜并进行固定。对剧毒化学品必须实行双人双锁保管制度(不允许1个人同时掌握2把钥匙或

---

① "双把锁""双本账"与本书第71页和第72页"双人双锁""双人记账"意思相同,表述不同,为尊重原文件,保留不同表述。

2 套密码)。对剧毒化学品应当在专用场所单独存放,不得与易燃、易爆、腐蚀性物品等一起存放[143]。

2. 剧毒化学品的发放要求

对剧毒化学品应有专人管理并做好贮存、领取、发放等情况登记,对登记资料应至少保存 1 年。对实验室使用的剧毒化学品应由院系和实验室负责人签字审批,在发放时,必须进行核查登记,实行双人领取、双人运输,双人中应至少有 1 人是教师。剧毒化学品的进出库台账登记清晰完整,应将其定期上报公安机关[144]。

3. 剧毒化学品的使用要求

实验室使用剧毒化学品必须执行"双人监督使用"原则,即须有 2 人同时在场;实验室剧毒化学品台账应详细记载每一次使用的品种、用途、称量值、使用人、复核人等信息,而且有双人签字,记录应长期保存,并按要求上报公安部门。实验室使用剧毒化学品时,应设置相应的防毒或隔离操作等安全设施,同时应制定本单位的事故应急预案并定期组织演练。

4. 剧毒化学品的防盗要求

剧毒化学品的技防措施符合管制要求,剧毒化学品的专用场所应配备监控与报警装置(与公安系统或校园总监控系统相连);防盗安全门应符合《防盗安全门通用技术条件》(GB 17565—2007)的要求,防盗安全级别为乙级(含)以上,防盗锁应符合《机械防盗锁》(GA/T 73—2015)的要求,防盗保险柜应符合《防盗保险柜》(GB 10409—2001)的要求,监控、管控应执行公安部门的要求[145]。

【误区提示】

(1)对剧毒化学品的监督管理不严,未执行双人收发、双人运输要求,如有学生冒用教师名字领取剧毒化学品等。

(2)剧毒化学品的发放记录不够完整或没有长期保存。

(3)剧毒化学品存放区的安全设施不足,未严格执行双人双锁要求。

(4)在剧毒化学品的储存场所未配备监控与报警装置。

文件参考

《剧毒化学品、放射源存放场所治安防范要求》

《剧毒化学品、放射源存放场所治安防范要求》(GA 1002—2012)为行业标准,于 2012 年 6 月 29 日由公安部发布,自 2012 年 9 月 1 日起实施。本标准规定了剧毒化学品、放射源存放场地(部位)风险等级划分与治安防范级别、治安防范要求和管理要求,适用于剧毒化学品、放射源存放场所(部位)治安防范系统设计、建设、验收和管理。

扫码下载

知识拓展

危险化学品"五双"管理制度

教育部办公厅《关于进一步加强高等学校实验室危险化学品安全管理工作的通知》(教技厅〔2013〕1号)要求危险化学品管理必须做到"四无一保",即无被盗、无事故、无丢失、无违章、保安全。对于危险化学品中的毒害品,要参照对剧毒化学品的管理要求,落实"五双"管理制度。

(1)双人验收:凡购进的剧毒化学品入库,必须由专职负责该库的保管员(双人)负责验收剧毒品入库。验收时,应凭随货发票、入库单核对品名、规格、数量是否相符,包装是否完整,标识是否清晰等,随后保管员(双人)方可填写入库登记、签名并办理入库手续。

(2)双人保管:对剧毒化学品储存场所实行双人管理,每人1把钥匙,开启库门时必须双人同时到场,严禁单人保管、单人入库。

(3)双人发货:对剧毒化学品进行发货时,必须由2人领用,由2名保管员共同发货,并根据危险化学品领取单及时填写危险化学品领用记录,由领用人和发货人等4人共同签名。

(4)双人双锁:对剧毒化学品储存专用仓库的进出库房门,必须配备双把锁。保管人员各持1把锁匙。进入仓库工作时,必须双方保管员同时到达仓库方可开启、关闭仓库门。保管员必须妥善保管锁匙并随身携带。

(5)双人记账:对剧毒化学品的入库、发货、回库的记账应实行双本账,分别由2个保管人员保管。

警示案例

上海某高校医学院剧毒化学品投毒事故

事故经过:

上海某高校医学院2010级影像医学与核医学专业、耳鼻咽喉科学专业硕士研究生林某因日常琐事对其室友黄某不满,决意采用投放毒物的方式加害黄某。2013年3月31日下午,林某以取物为借口,从他人处借得钥匙后,进入该校附属医院影像医学实验室,取出内装剧毒化学品二甲基亚硝胺原液的试剂瓶和注射器,并装入一个黄色医疗废弃物袋中带离该实验室。当日17:50许,林某携带上述物品来到421室,趁无人之机,将试剂瓶和注射器内的二甲基亚硝胺原液投入该室饮水机内,然后将试剂瓶等物装入黄色医疗废弃物袋中,丢弃于宿舍楼外的垃圾桶内。4月1日9:00许,黄某在421室从该饮水机接水饮用后,出现呕吐等症状,即于当日中午到医院就诊。4月2日下午,黄某再次到医院就诊,经检验发现肝功能受损,遂留院观察。4月3日下午,黄某病情趋重,被转至该院重症监护室救治。4月16日,黄某因中毒导致多器官衰竭,最终死亡。

事故原因：

嫌疑人林某与被害人黄某两人关系不合。林某在饮水机中投入二甲基亚硝胺原液，黄某饮用后引起中毒。除案件当事人直接原因外，擅自、违规采购剧毒化学品、对剧毒化学品疏于管理以及缺乏对实验室及研究人员的有效监管是导致这一悲剧发生的间接原因。

安全警示：

应规范剧毒物品管理，严格入库验收、出库核对，及时登记领用人、品名与剂量等内容；应设立剧毒物品保管专用保险柜，实行双人双锁并安装监控设备。

9.5.2 易制毒化学品储存规范、台账清晰

【检查要点】

实验室使用易制毒化学品的，应单独设置专库或者专柜储存；对专库应当设有防盗设施，对专柜应当使用保险柜；对易制毒化学品应实行分类存放，指定专人保管，做好领取、使用、处置记录，防止丢失和被盗[146]。

对第一类易制毒化学品、药品类易制毒化学品应实行双人双锁管理，账册保存期限不少于2年；对第二类、第三类易制毒化学品应实行上锁管理并记录台账[147]。

【误区提示】

（1）易制毒化学品储存不规范，柜子未上锁；将不同的易制毒化学品存放在一个柜子中，未按照化学品的本质危险性进行分类存放。

（2）对第一类易制毒化学品未执行"五双"管理，未按要求做好领取、使用、处置记录。

9.5.3 易制爆化学品存量合规、双人双锁保管

【检查要点】

易制爆化学品存量合规（详见《高等学校实验室安全检查项目表》第132目）[148]。实验室存放少量易制爆化学品时，应单独设置存放场所，在存放场所出入口处应设置防盗安全门，或将易制爆化学品存放在专用储存柜内；储存场所的防盗安全级别应为乙级（含）以上，专用储存柜应具有防盗功能，符合双人双锁管理要求，并安装机械防盗锁。机械防盗锁应符合《机械防盗锁》（GA/T 73—2015）的规定。对易制爆化学品应按照化学品的危险属性分类存放。对易制爆化学品应指定专人保管，做好领取、使用、处置台账记录，台账账册的保存期限应不少于1年[149]。

【误区提示】

（1）对易制爆化学品未按照其本身的危险属性储存，将易制爆化学品存放在同一个试剂柜中。

（2）对易制爆化学品存储库房管理不规范，未分类存放，柜子未上锁，未按要求记录使用情况。

9.5.4 麻醉药品和第一类精神药品管理符合"双人双锁"要求,有专用账册

【检查要点】

1. 双人双锁管理

对麻醉药品和第一类精神药品,使用单位应当设立专库或者保险专柜储存;对专库应当设有防盗设施,并安装报警装置;对专库和专柜应当实行双人双锁管理制度[150]。

2. 有专用账册

对麻醉药品和第一类精神药品,配备专人管理并建立专用账册,药品入库双人验收,出库双人复核,做到账物相符。专用账册的保存期限应当自药品有效期期满之日起不少于5年[151]。

【误区提示】

实验室未对麻醉药品、第一类精神药品按要求进行存储,存储场所、使用记录、处置记录不规范。

> **文件参考**
>
> 《易制毒化学品管理条例》
>
> 《易制毒化学品管理条例》由国务院于2005年8月26日颁布,自2005年11月1日起实施,根据2018年9月18日《国务院关于修改部分行政法规的决定》第三次修订。本条例的颁布是为了加强易制毒化学品管理,规范易制毒化学品的生产、经营、购买、运输和进口、出口行为,防止易制毒化学品被用于制造毒品而制定。
>
>
> 扫码下载
>
> 《药品类易制毒化学品管理办法》
>
> 《药品类易制毒化学品管理办法》于2010年2月23日经卫生部部务会议审议通过,由卫生部令第72号发布,自2010年5月1日起施行。本办法是为加强药品类易制毒化学品管理、防止流入非法渠道而制定,适用于药品类易制毒化学品的生产、经营、购买以及监督管理。
>
>
> 扫码下载
>
> 《麻醉药品和精神药品管理条例》
>
> 《麻醉药品和精神药品管理条例》于2005年7月26日经国务院第100次常务会议通过,由国务院于2005年8月3日发布,自2005年11月1日起施行。本条例是为加强麻醉药品和精神药品的管理,保证麻醉药品和精神药品的合法、安全、合理使用,防止流入非法渠道而制定,适用于麻醉药品药用原植物的种植,麻醉药品和精神药品的实验研究、生产、经营、使用、储存、运输等活动以及监督管理。
>
>
> 扫码下载

9.5.5 爆炸品单独隔离、限量存储，使用、销毁按照公安部门的要求执行

【检查要点】

1. 爆炸品的存储

使用爆炸品的学校必须建设符合国家有关标准和规范的爆炸物品专用仓库；该仓库应有具备相应资格的安全管理人员、仓库管理人员，实验人员也应经过充分的专门培训。

2. 爆炸品的使用

学校应健全爆炸品的安全管理制度，制定操作规程。使用民用爆炸品时，应当如实记载领取、发放的品种、数量、编号，以及领取、发放人员的姓名。领取爆炸品的数量不得超过实际需求量，如有剩余，则必须立刻清退回库房。领取、发放爆炸品的原始记录应保存备查。若实验室需要暂存爆炸品，则应严格限制其存量，且应提供充足的安全防护措施。进行有爆炸品的实验操作时，实验室应提供符合标准的专用设备，设置安全警示标识并安排警戒人员，实验人员应保持安全距离。

3. 爆炸品的销毁

实验结束后，实验人员应当及时检查、排除未使用的爆炸品。对剩余的爆炸品应登记造册；需处理时，应报所在地县级人民政府公安机关组织监督销毁，应有销毁记录[152]。

【误区提示】

（1）实验室爆炸品储量大，储存不规范，没有单独存放。

（2）没有购买、使用、销毁爆炸品的记录。

（3）爆炸品的使用人未经过充分培训，对其无有效监管，若操作失误，则易产生安全事故。

文件参考

《易制爆危险化学品治安管理办法》

《易制爆危险化学品治安管理办法》于 2019 年 7 月 6 日由公安部第 154 号令发布，自 2019 年 8 月 10 日起施行。本办法是为了加强易制爆危险化学品的治安管理，有效防范易制爆危险化学品的治安风险，保障人民群众生命财产安全和公共安全而制定，适用于易制爆危险化学品生产、经营、储存、使用、运输和处置的治安管理。

扫码下载

《易制爆危险化学品储存场所治安防范要求》

《易制爆危险化学品储存场所治安防范要求》于 2018 年 8 月 13 日由公安部发布,自 2018 年 11 月 1 日起施行。本标准规定了易制爆危险化学品储存场所的分类、防护区域和部位、人力防范要求、实体防范要求、技术防范要求和安全防范系统的检验、验收、运行与维护。本标准适用于易制爆危险化学品储存场所以治安防范为目的的安全防范系统的建设、运行和管理。

扫码下载

《民用爆炸物品安全管理条例》

《民用爆炸物品安全管理条例》于 2006 年 5 月 10 日由国务院令第 466 号公布,根据 2014 年 7 月 29 日《国务院关于修改部分行政法规的决定》修订。本条例适用于民用爆炸物品的生产、销售、购买、进出口、运输、爆破作业和储存以及硝酸铵的销售、购买。

扫码下载

9.6 实验气体管理

实验室使用的气体通常被储存于气瓶内。这些气体有些属于可燃气体、助燃气体、有毒气体等,因在使用过程中存在大量的不安全因素,故需对气瓶进行安全使用与管理。

9.6.1 从合格供应商处采购实验气体,建立气体(气瓶)台账

【检查要点】

实验室应从合格供应商处采购实验气体,建议采用招标方式遴选入围供应商,实行相对集中采购。气瓶应由具有特种设备制造许可证的单位生产,进口气瓶应经特种设备安全监督管理部门认可。气瓶应在规定的检验合格有效使用期内。气瓶外表面应无裂纹、严重腐蚀、明显变形及其他严重外部损伤缺陷。实验室应建立气瓶台账[153]。

【误区提示】

(1)实验室从无资质的供应商处采购实验气体。

(2)气瓶无定期检验合格标识或有效使用期已过。

(3)实验室未建立统一的气瓶台账。

文件参考

《气瓶安全技术规程》

《气瓶安全技术规程》(TSG 23—2021)2021年1月4日由国家市场监督管理总局颁布。本规程为特种设备安全技术规范,规定了气瓶设计、制造、型式试验、监督检验、充装使用、定期检验等环节的基本要求。气瓶的相关标准以及有关单位的气瓶管理安全要求等,不应当低于本规程的规定。

扫码下载

《气瓶搬运、装卸、储存和使用安全规定》

《气瓶搬运、装卸、储存和使用安全规定》(GB/T 34525—2017)于2017年10月14日由国家质量监督检验检疫总局、中国国家标准化管理委员会发布,自2018年5月1日起实施。本标准规定了生产、经营、储存及以上场所使用区域内瓶装气体气瓶的搬运、装卸、储存和使用的基本安全技术要求。

扫码下载

9.6.2 气体(气瓶)的存放和使用符合相关要求

【检查要点】

1. 气体(气瓶)存放通用要求

应保持气体(气瓶)存放点通风,并远离热源、避免曝晒,应保持其地面平整、干燥[154];对气体(气瓶)应合理固定,配置防倒链或防倒栅栏[155];应尽量将危险气体(气瓶)置于室外,在室内放置时,应使用常时排风且带监测报警装置的气瓶柜[156]。

2. 气瓶存放限量

压缩气体属于一级危险品,对其应尽量减少存放在实验室的气瓶数量;实验室无大量气瓶堆放现象;每间实验室内存放的氧气和可燃气体均不宜超过1瓶,其他气瓶的存放,应控制在最小需求量;一个实验室内不同设备使用同种气体时,建议通过气路建设来减少气瓶数量;不得将实验室外的气瓶放在走廊、大厅等公共场所[157]。

3. 气瓶存放有毒、可燃气体

在涉及使用有毒、可燃气体的场所,应尽量将气瓶放在室外。对存放少量危险气体的实验室,应配有通风设施和相应的气体监控和报警装置等,应张贴必要的安全警示标志[158]。不能将氢气、一氧化碳、烃类气体等可燃气体的气瓶与氧气等助燃气体的气瓶混放在一起。氧气或其他强氧化性气体气瓶的减压阀、瓶体不应沾染油污或其他可燃物,否则容易引起火灾[159]。

4. 独立气瓶室

实验室应建有独立的气瓶室;气瓶室应远离火源、热源,保证通风,有监控;对气瓶室应配备安全设施,有专人管理,有使用记录;对气体管路要有标识、编号,保证其去向明确。对气瓶的储存放置应做到排列整齐、标识明确、不得混放[160]。

5. 气瓶标识

有供应商提供的气瓶定期检验合格标识,无超过检验有效期的气瓶,无超过设计年限的气瓶;气瓶中的气体是明确的,无过期气瓶[161]。

6. 气瓶颜色

气瓶颜色清晰,符合《气瓶颜色标志》(GB/T 7144—2016)的规定,气体名称清晰无误。应确认"满、使用中、空瓶"3种状态,并将具体状态标记在气瓶上(可挂牌或贴纸)[162]。

7. 气瓶总阀

使用完毕,应及时关闭气瓶总阀。高压气瓶上选用的减压器要分类专用,安装时螺扣要旋紧,防止泄漏。开、关减压器和总阀时,动作必须缓慢。开启时,应先旋动气瓶开关总阀,后开减压器。关闭时,切不可只关减压器,不关总阀[163]。

8. 气瓶附件

气瓶的安全附件有阀门、保护帽、减压器。气瓶附件齐全。未使用的气瓶应有气瓶帽[164]。

【误区提示】

(1)气瓶存放点离热源、火源太近。对气瓶未做防倒固定,或有防倒链不用,而用普通绳子当链子。

(2)将大量气瓶在实验室内混放在一起;实验室内除有正在使用的气瓶外,还存放有大量的备用气瓶;将气瓶存放在走廊、大厅中。

(3)对室内放置的氢气瓶未配置安全气瓶柜,未安装报警装置;对有毒、可燃气瓶未张贴安全警示标志;易燃气瓶与助燃气瓶混放;助燃气瓶与易燃物品混放。

(4)气瓶室无专人管理和使用记录;气瓶混放,摆放不整齐,标识不清。

(5)气瓶无检验合格标识,或检验有效期已过。

(6)气瓶油漆脱落,安全警示标志、颜色标志不清楚;气瓶无状态标识,不知是满是空。

(7)实验结束后,只关减压阀,不关总阀。

(8)气瓶的安全附件缺损。

警示案例

北京某高校实验室氢气瓶爆炸

事故经过:

2015年12月18日,北京某高校化学系实验室发生一起爆炸事故,事故造成1名正在做实验的博士后当场死亡。爆炸的是一个氢气瓶,爆炸点位于距离该博士后的操作台两三米处,氢气瓶为底部爆炸。当事故发生后,实验室及时组织楼内师生撤离,实验楼周围人员被有效疏散。

事故原因:

事故原因为违规存放危险化学品,违规使用易燃、易爆压力气瓶。事发实验室储存的危险化学品叔丁基锂燃烧发生火灾,引起存放在实验室的氢气瓶爆炸。

安全警示:

严格落实实验室安全管理制度,实验室安全管理要管到位,管到实验的每个细节。应强化师生的安全意识,牢固树立"安全第一,以人为本,关爱生命"的安全理念,坚决杜绝违规开展实验、冒险作业。对气瓶须严格按照规程进行保管与使用。

9.6.3 在较小密封空间使用可引起窒息的气体,须安装氧含量监测报警装置

【检查要点】

一般情况下,大气中的含氧量为 21% 左右。当含氧量低于 19.5% 时,人就会呼吸加速,感觉到疲劳和无力,进而引发工作效率的降低;当含氧量低于 12% 时,人的判断力会丧失,呼吸会变得困难,并出现嘴唇发绀等症状;当含氧量低于 10% 时,人就会出现呕吐、无法行动、失去意识甚至死亡。在存有大量无毒窒息性压缩气体或液化气体(液氮、液氢)的较小密闭空间,为防止气体大量泄漏或蒸发导致缺氧,须安装氧含量监测报警装置。例如,实验室存放 1 瓶常见规格 40 L 公称体积、15 MPa 公称压力的窒息性气体气瓶,实验室层高 2.8 m 时的临界面积为 28 m², 层高 2.6 m 时的临界面积为 30 m²;实验室存放 10 L 体积液氮(液态密度 0.808 g·mL^{-1}),实验室层高 2.8 m 时的临界面积为 30 m², 层高 2.6 m 时的临界面积为 35 m²。对使用惰性气体的实验场所,若常在人员较多,则也应根据实际情况评估是否加装氧含量监测报警装置[165]。

【误区提示】

(1) 在密闭空间内存放大量惰性气体,且未加装氧含量监测报警装置。

(2) 在使用实验气体的场所,没有将办公区和实验区分开,缺少氧含量监测报警装置。

> **警示案例**

甘肃某高校危险化学品泄漏事故

事故经过:

2009 年 4 月 7 日 21:30 许,甘肃某高校化学楼值班人员发现楼道内有强烈的刺激性气味,于是立即报警并向上级汇报。消防队员接警后迅速赶赴救援,询问实验人员后得知为氨气泄漏,泄漏气瓶在 515 实验室,于是立即穿戴防护服,佩戴空气呼吸

器,进入515实验室,迅速关闭气瓶阀门,将气瓶抬出并对楼内的氨气进行了稀释。

事故原因:

学生做完实验后,未将氨气瓶阀门关紧,导致氨气泄漏。

安全警示:

实验结束后,须确保将气瓶阀门完全关闭。应将有毒气瓶放置在配备报警装置的气瓶柜中。

9.6.4 气体管路和气瓶连接正确、有清晰的标识

【检查要点】

对气体管路的连接要正确。当有多根气体管路时,须编号、标识明确,气体流向清楚。对管路材质的选择要合适。对危险气体应使用金属管。金属管应无破损或老化现象(特别需要注意的是,对乙炔气不可使用铜管传输)。对存在多条气体管路的房间,应张贴详细的管路图,对用于连接气瓶的减压器、接头、导管和压力表,应涂以标记,并用在专一类气瓶上。对可燃气气路末端做燃烧使用时,在气路近末端的位置应安装阻火器。气体管路连接好后,必须首先进行检漏,确保不漏气后才可开展实验,后续应定期进行气体泄漏检查。可用肥皂水或检漏仪检验气体管路是否漏气,严禁用明火试漏[166]。

【误区提示】

(1)气体管路没有标识,或标识不明确,气体流向不清;气体管路连接混乱、标识不清。

(2)对气体管路材质的选择不恰当,其存在破损或老化现象。

(3)气体管路连接好后未检漏,后续也未定期进行气体泄漏检查。

> **警示案例**

浙江某高校一氧化碳气体中毒事故

事故经过:

2009年7月3日12:30许,浙江某高校化学系博士研究生袁某发现博士研究生于某昏倒在催化研究所211室内,便呼喊老师寻求帮助,并拨打"120"急救电话。袁某本人随后也晕倒在地。12:58,"120"救护车抵达现场,将于某和袁某送往某医院。13:50,该医院急救中心宣布于某经抢救无效死亡。袁某经留院观察治疗,于次日出院。

事故原因:

实验人员疏忽懈怠、麻痹大意。经初步调查发现,该校化学系教师莫某、他校教师徐某于事发当日在化学系催化研究所做实验的过程中,误将本应接入307实验室的一氧化碳气体接通至211室输气管,导致气体泄漏。莫某、徐某的行为涉嫌危险物品肇事罪,由公安机关立案调查。

安全警示：

参与危险气体化学实验时，应时刻树立安全责任意识，严格遵循各项实验安全操作流程，切忌疏忽懈怠、麻痹大意。

9.7　实验室化学废弃物的收集、分类和转运

对实验室产生的化学废弃物及过期不再使用的化学试剂，不能随意丢弃和排放，应按照一定的程序处理，否则既会污染环境，又可能造成严重的安全事故。

9.7.1　实验室应设立化学废弃物暂存区

【检查要点】

实验室应设立化学废弃物暂存区。原则上应将化学废弃物存放于本实验室的暂存区内。应使暂存区具备良好的通风条件。应单层码放危险废物，并使之远离火源、热源和不相容物质，避免高温、日晒和雨淋。存放2种及2种以上不相容的实验室危险废物时，应分不同区域暂存[167]。

在实验室暂存、储存危险废物的房间内或储存点处，必须张贴"危险废物"警示标志。在暂存区应按要求建设防溢洒、防渗漏设施（如防漏容器）。实验室工作人员应对暂存区的包装容器和防漏容器的密闭、破损、泄漏及标签粘贴等情况进行定期检查，并做好检查记录。不要在实验室内存放大量化学废弃物，若有，则应及时清运[168]。

【误区提示】

(1) 实验室未设立化学废弃物暂存区，或有暂存区，但不符合安全要求。

(2) 实验室未分类分区存放不相容的危险废物；未在危险废物暂存点张贴"危险废物"警示标志。

(3) 暂存区有化学废弃物堆积现象，化学废弃物未能被及时清运。

文件参考

《中华人民共和国固体废物污染环境防治法》

《中华人民共和国固体废物污染环境防治法》于1995年10月30日第八届全国人民代表大会常务委员会第十六次会议通过，于2020年4月29日第十三届全国人民代表大会常务委员会第十七次会议第二次修订，自2020年9月1日起施行。固体废物污染环境的防治适用本法。

扫码下载

《废弃危险化学品污染环境防治办法》

《废弃危险化学品污染环境防治办法》于 2005 年 8 月 18 日由国家环境保护总局 2005 年第十四次局务会议通过,于 2005 年 8 月 30 日发布,自 2005 年 10 月 1 日起施行。废弃危险化学品属于危险废物。本办法主要规定了废弃危险化学品产生、贮存、收集、运输、转移、处置各环节的环境管理要求及法律责任等内容。

扫码下载

9.7.2 实验室内须规范收集化学废弃物

【检查要点】

1. 化学废弃物的分类

实验室须按照与化学废弃物处置公司的约定,配备化学废弃物分类容器,并明确告知实验人员遵照执行。应按危险废物的化学特性和危险特性,在实验室内用不同的容器进行分类收集和暂存,贴好标签。根据化学品的配伍禁忌要求,应避免将易产生剧烈反应的化学废弃物混放在一起[169]。

2. 化学废弃物的包装

对废弃的化学试剂不能混合,要独立包装,尽量用原瓶装,保留原标签,且瓶口朝上放入专用的固废箱中[170]。对危险性较大的液体废弃物,应加外层容器防护,并应特别注意运输安全。对针头、刀片等利器废弃物,应放入利器盒中收集,再装在废弃物专用塑料袋中[171]。对废液,应分类装入专用的废液桶中,液面不超过容量的 3/4,废液桶应满足耐腐蚀、抗溶剂、耐挤压、抗冲击的要求[172]。

3. 化学废弃物的标签

学校统一印制化学废弃物标签。标签内容包括废弃物的类别、危险特性、主要成分、产生部门、送储人、日期等信息。实验室应如实填写必要的内容,防止乱填写或不填写。在所有的实验危险废物收集容器上应粘贴专用的危险废物标签、警示标识[173]。

4. 不应将实验室废弃物与生活垃圾混放在一起

应将实验室废弃物的容器与生活垃圾分开,并贴有明显标识。严禁将实验室废弃物丢入生活垃圾桶中,也不得将生活垃圾丢入实验室废弃物容器中,应保证不将化学实验固体废弃物与生活垃圾混放在一起。清洗实验室内的瓶子时,应先将其中的内容物转移到废液收集桶中,尽量倒干净。不得向下水道倾倒废旧化学试剂和废液。严禁将实验室的危险废物直接排入下水道中,严禁将其与生活垃圾、感染性废弃物或放射性废弃物等混装在一起[174]。

【误区提示】

(1)实验室只有 1 个垃圾桶,不同废弃物被混装在一起;分类收集化学废弃物的容器不明确,未贴标签;危险性较大的废弃物被混装在一起,如硫酸、硝酸、盐酸等被倒在一起。

(2)废弃的化学试剂没有标签,对装液体的玻璃瓶没有外加保护容器。

(3)学校未印制统一的化学废弃物标签;学校有统一标签,但实验室未认真填写信息;实验室未贴化学废弃物标签或标签信息不全,到中转站时一片混乱。

(4)因学校未落实化学废弃物处置的合理途径,故实验人员将化学废弃物倒入下水道或丢入生活垃圾桶中,将锐器废弃物随意丢弃在生活垃圾桶中。

> **警示案例**

云南某高校废弃物爆炸事故

事故经过:

2008年7月11日,云南某高校微生物研究所楼510室内,在进行正常的教学实验过程中突然发生爆炸。三年级博士生刘某被炸成重伤,面部最大的伤口达到 4 cm×3 cm,而且深达面部骨头,左手手掌出现损伤,只留下拇指,右手手指末节也已损伤,只有拇指和食指健全,颈部、胸部还有多处伤口。

事故原因:

在收集实验室废弃物时,因操作不当而引发爆炸。

安全警示:

在实验室内部须划定实验室废弃物存放区,存放区须通风良好、远离火源,避免高温、日晒、雨淋,避免近距离存放相反应的废弃物,在存放区还须张贴警示标识。实验废弃物收集容器上需张贴标签,标签上须注明废弃物类别、房间号等信息。对实验产生的废液,须根据其性质、所含物质种类倒入相应的收集容器内,严禁将其倒入水槽或随意丢弃。

9.7.3 学校应建设化学废弃物贮存站并规范管理

【检查要点】

1. 化学废弃物贮存站建设规范

学校应建设化学废弃物贮存站,无法建设正规的化学实验废弃物贮存站,也可优选集装箱式废弃物中转站。对贮存设施、场所应当按照规定设置危险废物识别标志,存储装置符合《实验室废弃物存储装置技术规范》(GB/T 41962—2022)的要求,易燃废弃物室外存储装置的单套内部面积应不大于 30 m²、高应不大于 3 m(尺寸误差应不大于10%),并在通风口处设置防火阀,公称动作温度为 70 ℃[175]。

2. 化学废弃物贮存站管理规范

学校应有对化学废弃物贮存站具体的管理办法,并将贮存站安全运行、实验室危险废物出站转运等日常管理工作落实到相关人员的岗位职责中;贮存站管理员应做好实验室危险废物情况的记录[176]。学校应制定意外事故的防范措施和应急预案,并向所在地生态环境主管部门备案⁽¹⁷⁷⁾。

【误区提示】

（1）学校未建设化学废弃物贮存站；有化学废弃物贮存场所，但不符合技术规范，废弃物存储设施、场所无危险废物识别标志。

（2）学校未制定化学废弃物管理办法和安全应急预案，贮存站管理责任不明晰，无实验室危险废物情况的记录。

> **文件参考**
>
> ### 《实验室废弃物存储装置技术规范》
>
> 《实验室废弃物存储装置技术规范》（GB/T 41962—2022）由中国石油和化工联合会提出，全国废弃化学品处置标准化技术委员会起草，于2022年12月30日发布，自2023年7月1日起实施。本标准规定了实验室废弃物存储装置的分类、一般要求、室内存储装置、室外存储装置、环境保护要求、技术要求及检验方法、检验规则，以及标志、包装、运输和贮存，适用于对实验室产生的废弃物进行存储的装置。
>
>
>
> 扫码下载
>
> ### 《危险废物贮存污染控制标准》
>
> 《危险废物贮存污染控制标准》（GB 18597—2023）首次发布于2001年，2023年第一次修订，于2023年1月20日经生态环境部批准，自2023年7月1日起实施。本标准规定了危险废物贮存污染控制的总体要求、贮存设施选址和污染控制要求、容器和包装物污染控制要求、贮存过程污染控制要求，以及污染物排放、环境监测、环境应急、实施与监督等环境管理要求。本标准既适用于产生、收集、贮存、利用、处置危险废物的单位新建、改建、扩建的危险废物贮存设施选址、建设和运行的污染控制和环境管理，也适用于现有危险废物贮存设施运行过程的污染控制和环境管理。
>
>
>
> 扫码下载
>
> ### 《国家危险废物名录》
>
> 《国家危险废物名录》于2020年11月25日由生态环境部、国家发展和改革委员会、公安部、交通运输部、国家卫生健康委员会令第15号公布，自2021年1月1日起施行。本名录是依据《中华人民共和国固体废物污染环境防治法》制定的，旨在规范和监管危险废物的处理和管理，替代之前的环境保护部令第39号《国家危险废物名录》。
>
>
>
> 扫码下载

9.7.4 化学废弃物的转运须合规

【检查要点】

1. 处置委托

应委托有危险废物处置资质的专业公司集中处置化学废弃物,对委托协议及处置单位的资质应存档备查[178]。

2. 建立台账

应建立危险废物管理台账,如实记录有关信息,包括危险废物的种类、产生量、流向、贮存、处置等有关资料[179]。

3. 转运前管理

向校外转运化学废弃物前,贮存站必须妥善管理实验室危险废物,采取有效措施,防止废物的扩散、流失、渗漏或造成其他环境污染[180]。

4. 运输工具

转运人员应使用专用运输工具。运输前应根据运输废物的危险特性,携带必要的应急物资和个体防护用具,如收集工具、手套、口罩等[181]。

5. 转移联单

将实验室危险废物向校外转运前,必须按照国家有关规定填写危险废物电子或者纸质转移联单,任何单位和个人未经许可不得非法转运[182]。

【误区提示】

(1) 学校与没有资质的企业签订合同,让其处置危险废物;口头委托企业或个人处置危险废物。

(2) 无危险废物管理台账,无危险废物贮存转运记录。

(3) 实验室在转运前不能妥善管理危险废物,造成危险废物扩散、流失、渗漏。

(4) 实验室危险废物转运不合规,不能提供转移联单。

警示案例

千桶化学废弃物被弃安徽省境内

事故经过：

2010年9月18日,相关人员在安徽省涡阳县、利辛县境内相继发现不明废弃物,共计1047桶,部分废弃物已经泄漏。经安徽省环境监测站取样分析,这两处被丢弃的废弃物含有二氯乙烷、甲醇、光气、硝基苯、甲烷等有毒物质,属于《国家危险废物名录》中的危险废物,能够对人的中枢神经系统等造成伤害。泄漏的化学品流入了公路两侧干涸的沟渠内,利辛县阜涡河长达10 km的汝集段水质已被污染,受污染水量达110000 m^3。为了处置这起事件,安徽省亳州市共花费处置费用250余万元,间接损失无法估算。

事故原因：

经当地公安部门审讯得知，这两处危险废物均来自浙江省东阳市横店镇的一家制药厂。据调查，此次事件是危险废物企业违法转运和处置危险废物的恶性后果。农民非法将危险废物转运和丢弃是造成本次污染事件的直接原因。

安全警示：

应加强危险废物监管。对危险废物是不能随意排放和倾倒的，须委托有危险废物处置资质的专业公司集中处置。转运危险废物前，必须按照国家有关规定填写危险废物电子或者纸质转移联单，任何单位和个人未经许可不得非法转运。

第 9 章巩固练习

（田廷科　田玉辰）

第10章 生物安全

实验室生物安全是指实验室的生物安全条件和状态不低于容许水平,可避免实验人员、来访人员、社区及环境受到不可接受的感染性因子的感染和污染的危害,符合相关法规、标准对实验室生物安全责任的要求。在高校医学类、农学类、生物类等实验室操作中,会接触到各种生物体、病原体(尤其是病原微生物)等,面临病原微生物安全、实验动物安全和转基因生物安全等问题。实验室生物安全涉及的不仅仅是某个实验室的安全和个人的健康,在实验室使用感染性材料时,如果因管理疏忽而发生意外,则将造成实验人员感染,甚至可能因传染源外泄,导致大规模传染病的流行和传播,因此,实验室生物安全问题是高校实验室安全管理的重点和难点,亟须解决且事关重大。

本章包括实验室生物安全等级、场所与设施、病原微生物的获取与保管、人员管理、操作与管理、实验动物安全、生物实验废物处置等7个方面,涉及实验室安全检查项目17个、检查要点32个,主要从国家相关生物安全法律、法规的落实,病原微生物的安全管理,生物安全防护,生物废弃物处置等方面提出了意见、建议和要求。

10.1 实验室生物安全等级

实验室生物安全等级(Biological Safety Level, BSL)是依据实验室所处理的生物因子风险程度和实验室对生物安全防护的要求来划分的。生物安全实验室分级旨在确保实验人员、环境和公众的安全,防止生物因子的泄漏和传播。生物安全实验室应具有相应的生物安全等级资质,实验室生物安全防护的级别应与其拟从事的实验活动相适应。

10.1.1 开展病原微生物实验研究的实验室,须具备相应的安全等级资质

【检查要点】

根据实验室的生物因子的危害程度和采取的措施,可将生物安全防护等级分为4级。在具体实践中,常以 BSL-1、BSL-2、BSL-3 和 BSL-4 表示实验室相应的生物安

防护水平,以 ABSL-1、ABSL-2、ABSL-3 和 ABSL-4 表示涉及从事感染动物活动的相应生物安全防护水平。

新建、改建、扩建三级(BSL-3/ABSL-3)、四级(BSL-4/ABSL-4)实验室须经政府部门批准建设。新建、改建或者扩建一级(BSL-1/ABSL-1)、二级(BSL-2/ABSL-2)实验室,应当向设区的市级人民政府卫生主管部门或者兽医主管部门备案。

通过建设审查的实验室建成后,依据《病原微生物实验室生物安全管理条例》,由有关部门根据相关规定进行工程质量验收、建设项目竣工环境保护验收、实验室国家认可和实验活动审批及监管,确保实验室生物安全。实验室所编制的各种认可、活动资格授权和备案的文件必须带文号,应明确实验室生物安全管理、实验活动风险评价、规范操作、记录表格等 4 个内容。对实验室备案的相关文件与资料应存档,保管完善[183]。

【误区提示】

(1)学校的 BSL-1/ABSL-1、BSL-2/ABSL-2 实验室没有到所在地区设区的市级人民政府卫生主管部门和兽医行政主管部门备案。

(2)备案用的文件文号混乱、不统一。实验室生物安全管理、实验活动风险评价、规范操作、记录表格等 4 个文件内容不全。

(3)学校完成备案的生物安全实验室没有清单,备案完成后对相关文件与资料的保管不完善,后续管理没有达到相应要求。

文件参考

《中华人民共和国生物安全法》

《中华人民共和国生物安全法》于 2020 年 10 月 17 日由第十三届全国人民代表大会常务委员会第二十二次会议通过,自 2021 年 4 月 15 日起施行。本法是为维护国家安全、防范和应对生物安全风险、保障人民生命健康、保护生物资源和生态环境、促进生物技术健康发展、推动构建人类命运共同体、实现人与自然和谐共生而制定。

扫码下载

《实验室 生物安全通用要求》

《实验室 生物安全通用要求》(GB 19489—2008)由国家质量监督检验检疫总局和中国国家标准化管理委员会 2008 年 12 月 26 日发布,自 2009 年 7 月 1 日起实施。本标准规定了对不同生物安全防护级别实验室的设施设备和安全管理的基本要求,不仅适用于医学实验室,而且适用于涉及生物因子操作的各类实验室。

扫码下载

知识拓展

生物安全实验室的安全等级

根据在封闭的实验环境中操作的生物因子的危害程度和隔离病原体所需要采取的生物防护措施,可将生物安全防护等级分为 4 级,即 BSL-1/ABSL-1、BSL-2/ABSL-2、BSL-3/ABSL-3、BSL-4/ABSL-4。随着实验室等级的提高,其研究的病原微生物的危害程度逐级递增,意味着防护级别也越高。

1. BSL-1/ABSL-1

进行实验研究用的物质必须是所有特性都已清楚,并且已证明不会导致疾病的生物物质,如麻疹病毒、腮腺炎病毒等。研究可通过日常的程序在开放的实验台面上进行,不要求有特殊的安全保护措施,实验人员经过基本的实验程序培训,在科研人员指导下即可进行实验操作,在这样的环境下并不需要使用生物安全柜。

2. BSL-2/ABSL-2

进行实验研究用的物质是一些已知的具有中等程度危险性,并且与人类某些常见疾病相关的生物物质,如流感病毒等。实验人员必须经过相关研究的操作培训,并且由科研人员指导,对于易于污染的物质或者可能产生污染的情况须进行预先的处理准备,一些可能涉及或者产生有害生物物质的操作过程均应该在生物安全柜内进行,建议使用Ⅱ级生物安全柜。

3. BSL-3/ABSL-3

进行实验研究的物质一般是本土或者外来的具有呼吸道传播可能的生物物质,如炭疽杆菌、鼠疫耶尔森菌、结核分枝杆菌、狂犬病毒等。实验过程中需要保护一切在周围环境中的实验人员免于暴露在这些有潜在危险的物质中,需使用Ⅱ级或Ⅲ级生物安全柜。

4. BSL-4/ABSL-4

进行实验研究的物质是一些可以通过空气传播并且现今并没有有效的疫苗或者治疗方法来处理,具有非常高危险性并且可以致命的有毒物质,如埃博拉病毒、马尔堡病毒、天花病毒等。实验人员必须经过关于进行这类高危险性物质研究的培训,除了可以熟练操作外,还应该很熟悉相关操作、防护设施、实验室设计等方面对于这类高危险性物质的预防,同时必须由在此研究领域非常有经验的科研人员进行指导。对该级别实验室的进出人员应当严格控制,一定要将该级别实验室进行单独建造或者建造在一栋大楼中与其他任何地方都分离开的独立房间内,并且要求有详细的关于研究的操作手册进行参考。实验过程必须在Ⅲ级生物安全柜中进行。

10.1.2 在相应等级实验室开展涉及致病性生物因子的实验活动

【检查要点】

以国家法律、法规、标准、规范,以及权威机构发布的指南、数据等为依据,对涉的致病性生物因子进行风险评估,选择对应的实验室安全级别进行致病性病原微生物研究。

1. 第一类和第二类病原微生物实验活动管理

开展未经灭活的高致病性病原微生物(列入第一类、第二类)相关实验和研究时,必须在 BSL-3/ABSL-3、BSL-4/ABSL-4 实验室中进行。在未经灭活的第一类和第二类病原微生物相关实验和研究中涉及的实验材料,包括实验室纯培养物、感染动物材料、各种临床材料、采集的野生动物材料、采集的环境材料等。开展未经灭活的第二类病原微生物相关实验和研究时,应在 BSL-3/ABSL-3 实验室中进行,但应注意在实验室操作的实验材料的量,如果是"大量"样本操作,则应在 BSL-4/ABSL-4 实验室中进行。如果实验涉及气溶胶操作,如大量液体样本离心、气溶胶动物感染等实验操作,则应在 BSL-4/ABSL-4 实验室中进行。在 BSL-3/ABSL-3 和 BSL-4/ABSL-4 实验室进行未经灭活的第一类和第二类病原微生物相关实验和研究时,实验用的病原微生物种类和实验内容应与生物安全认可和实验活动资格批准的一致。如果不一致,则应当依照国务院卫生主管部门或者兽医主管部门批准的执行。在 BSL-3/ABSL-3、BSL-4/ABSL-4 实验室开展的实验和研究应有记录可查。

2. 第三类和第四类病原微生物实验活动管理

开展低致病性病原微生物(列入第三类、第四类),或经灭活的高致病性感染性材料的相关实验和研究时,必须在 BSL-1/ABSL-1、BSL-2/ABSL-2 或以上等级实验室中进行。开展第四类致病性病原微生物实验时,必须在 BSL-1/ABSL-1 或以上等级实验室中进行。开展第三类致病性病原微生物实验和研究时,必须在 BSL-2/ABSL-2 或以上等级实验室中进行。在 BSL-2/ABSL-2 实验室可以开展灭活的第三类、第四类病原微生物感染材料的相关实验和研究,完成实验后,必须做好对病原微生物种类、来源和灭活方法的记录,以便溯源[184]。

【误区提示】

(1)在 BSL-1/ABSL-1 生物安全实验室进行第三类病原微生物实验。在 BSL-2/ABSL-2 实验室进行第二类病原微生物实验。

(2)未经省级以上政府主管部门批准,擅自在 BSL-3/ABS-3、BSL-4/BSL-4 实验室开展高致病性病原微生物实验。

(3)实验室对实验研究中的高风险评估不足,特别是对有"大量"操作材料和气溶胶操作的高风险评估不足;实验记录信息不足,特别是实验室废弃物处置、实验材料去向等记录信息不全,不能溯源。

(4)在非生物安全等级实验室开展第三类、第四类病原微生物相关实验活动;实验记录信息不全,特别是对灭活的第一类和第二类病原微生物的来源和种类、实验室废弃物处置、实验材料去向等信息记录不全。

> **警示案例**
>
> **实验室防护不当导致天花病毒人为传播**
>
> **事故经过：**
>
> 1978年8月，英国伯明翰大学医学院亨利·贝德森（Henry Bedson）的实验室终于获得WHO批准，成为极少数拥有天花病毒样本的实验室。然而就在几天后，天花病毒样本意外泄漏，造成同一实验室楼上的一位解剖摄影师珍妮特·帕克（Janet Parker）不幸感染天花病毒，随后死亡。紧接着，其母亲也感染上了天花，好在治疗及时，保住了性命，病毒也及时得到控制，这是天花病毒最后一次危害人类。不久之后，该实验室负责人亨利·贝德森教授因此自杀身亡。
>
> **事故原因：**
>
> 在调查报告中显示，许多人进出实验室时未消毒防护衣与手套，对过滤装置10年以上未曾检修。此外，实验室的隔离也出现问题，事后经过追踪，天花病毒曾外泄到其他实验室、外面走廊、讨论室及别的楼层。整个天花病毒泄漏事件，被公认为是由研究员没有严格遵守安全防护协议所致。
>
> **安全警示：**
>
> 病原微生物实验室生物安全防护水平应与实验内容相匹配，对实验室设备、设施应定期检修，以确保其有效性。实验人员必须经过相应培训并考核合格后才能上岗，并应在实验活动过程中严格按照相关规定进行操作。

10.2　场所与设施

生物安全实验室的建设应以生物安全为核心，确保实验人员安全和实验室周围环境安全，保护实验对象不受污染。生物安全实验室建设应符合《生物安全实验室建筑技术规范》（GB 50346—2011）的要求。生物安全实验室的安全防范设施应达到生物安全实验室的要求，并配备相应的符合要求的生物安全设施。

10.2.1　实验室安全防范设施达到相应生物安全实验室要求，各区域分布合理、气压正常

【检查要点】

1. 实验室防范设施要求

实验室所用设施设备和材料（含防护屏障）均应符合国家相关的标准和要求。实验室的生物安全防护设施应符合 BSL-1～BSL-4 实验室的相应要求。实验室的安全保卫应符合国家相关部门对该级别实验室安全管理的规定和要求。实验室内温度、湿度、照度、噪声和洁净度等室内环境参数应符合工作要求，以及人员舒适性、卫生学等要求。实验室应根据房间或实验间在用、停用、消毒、维护等不同状态时的需要，采取适当的警示和进入限制措施，如设置警示牌、警示灯、警示线、门禁等。

2. 实验室准入管理要求

BSL-2/ABSL-2 及以上安全等级实验室须设门禁管理和准入制度。涉及生物

安全的实验室应有专门的准入制度,明确相关准入要求。实验室在建筑物中应自成隔离区或为独立建筑物,对其应有出入控制措施。应在实验室主出入口设置门禁管理系统,以保证只有获得授权的人员才能进入实验室,应保存出入记录与使用记录,确保可追溯进入人员。对涉及生物安全的实验室要张贴生物危害标识,并标明生物危害类型及负责人的姓名、联系方式等信息。

3. 实验室防盗报警要求

对储存病原微生物的场所或储柜应配备防盗设施,对 BSL-3/ABSL-3 及以上实验室须安装监控报警装置。应在关键部位设置摄像机,以实时监视并录制实验活动情况和实验室周围情况。监控设备应有足够的分辨率和影像存储容量[185]。

【误区提示】

(1)学校的 BSL-2/ABSL-2 实验室的相关生物安全设施不能正常运行,例如,门不能正常关闭,无观察窗。

(2)无专门的准入制度,或准入制度不合理、不完善;未设门禁,无进出控制措施;无出入记录与使用记录,或记录不完善,达不到可溯源的要求;无生物危害标识,或标识信息不全。

(3)对保管病原微生物菌(毒)种的实验室实行一人双锁或多人一锁;保管病原微生物菌(毒)种的实验室缺乏安全保存能力,相应的设施设备缺乏,达不到规定要求。

10.2.2 配有符合相应要求的生物安全设施

【检查要点】

1. 生物安全柜的管理要求

BSL-2 及以上实验室,在操作病原微生物及样本的实验区应配有Ⅱ级生物安全柜并能正常运行。ABSL-2 实验室适用时配备。要有生物安全柜安装验收检测报告,每年应对其进行定期检测并保存检测报告。Ⅱ级生物安全柜有 A1、A2、B1、B2 4 种类型,它们分别适用于不同的场所。应根据实验工作性质确定需要防护的类型,选择相应的生物安全柜。生物安全柜使用人员应懂得不同类型生物安全柜的工作原理,并掌握正确的使用方法。B 型生物安全柜需有正常通风系统,连接安全柜排气导管的风机应连接紧急供电电源,以保证生物安全柜在断电的情况下仍可保持负压[186]。

2. 应急安全设备的管理要求

实验室应配备适当的消防设施,如灭火器、灭火水管等。灭火器应在有效期内并被放置在适当的位置,以便于使用。对灭火水管应设置有专用水管接口并保证有水。病原微生物实验室应有可靠和充足的电力供应,在 BSL-3/ABSL-3 实验室中应配备应急电源,断电后应保障重要设备至少能工作 30 min。在 BSL-1/ABSL-1 实验室、BSL-2/ABSL-2 实验室中,若有重要设备,如重要菌(毒)种保存冰箱、重要细胞培养箱等,则需要配备应急电源。对不能长时间停电的其他设备也需要配备应急电源。应在 BSL-1/ABSL-1 实验室、BSL-2/ABSL-2 实验室内的合理位置配置应急喷淋与洗眼装置[187]。

3. 传递窗的管理要求

在 BSL-2/ABSL-2 及以上实验室内须设置传递窗。对已设置传递窗的实验室应保证传递窗功能正常,在传递窗内部不允许长时间放置物品。传递窗应具备双门互锁功能,具有气密性;在其内应配置紫外线杀菌灯,使其具备对物品表面消毒的功能。

4. 预防有害生物的管理要求

对于采用自然通风方式的 BSL-1/ABSL-1 实验室、BSL-2/ABSL-2 实验室,应安装纱窗,以防飞虫进入;对采用中央送风系统的 BSL-1/ABSL-1 实验室、BSL-2/ABSL-2 实验室,必要时,可以安装纱窗,室外排风口应有防风、防雨、防鼠、防虫设计,但不应影响气体向上空排放。BSL-1/ABSL-1 实验室、BSL-2/ABSL-2 实验室应有防止小型啮齿动物进入或逃逸的装置,例如,在合理位置安装挡鼠板等[188]。

5. 压力蒸汽灭菌器的管理要求

实验室应配备压力蒸汽灭菌器,并定期监测其灭菌效果。BSL-1/ABSL-1 实验室、BSL-2/ABSL-2 实验室所配备的压力蒸汽灭菌器既可以在建筑物内,也可以在实验室内。BSL-3/ABSL-3 实验室的压力蒸汽灭菌器应配置在实验室内。对容积大于或等于 30 L 的压力蒸汽灭菌器应定期进行监测,监测报告应存档。实验室应有压力蒸汽灭菌器的安全操作规程,应将其张贴于墙上。压力蒸汽灭菌器的使用记录完整,该记录应包括灭菌内容、灭菌时间、使用压力、保压时间、灭菌人等信息[189]。

【误区提示】

(1)在涉及病原微生物的实验室内用超净工作台替代生物安全柜。将不同类型的Ⅱ级生物安全柜进行混用,或超出其等级范围使用;在生物安全柜内存放大量实验器材;生物安全柜无安装验收检测报告,无年度检测报告;实验结束后,未对生物安全柜进行必要的清洁和消毒。

(2)实验室的消防设备放置的位置不合理,取用不方便;重要菌(毒)种保存冰箱、重要细胞培养箱等重要设备没有应急电源;应急喷淋与洗眼装置位置较远、缺水、无检修及检修记录。

(3)传递窗中长期放置有物品;传递窗中用于表面消毒的紫外线灯已经失效;传递窗不具备互锁功能;当传递窗内有污染时,未及时对其进行清理和消毒。

(4)BSL-1/ABSL-1 实验室、BSL-2/ABSL-2 实验室的纱窗安装不全,实验室所在建筑物无防鼠进入装置。

(5)压力蒸汽灭菌器摆放的位置不合理,周边有太多杂物,有气瓶等危险物品;未对压力蒸汽灭菌器进行定期监测或无定期监测记录,无使用记录,或记录信息不完整;容积大于或等于 30 L 的压力蒸汽灭菌器的操作者没有上岗证。

10.2.3 场所消毒要保证人员安全

【检查要点】

1. 紫外灯安全警示标志

生物安全实验室须配置紫外灯,以便为工作人员提供物理消毒。一般每 60~80 m^3 的房间,应安装 30 W 紫外灯 2 只,照射时间应不少于 30 min;对使用紫外灯的生物安全实验室应设安全警示标志,尤其应对紫外灯开关张贴警示标志[190]。

2. 消毒注意事项

使用紫外灯的生物安全实验室在消毒过程中禁止人员进入,以免造成眼睛、皮肤损伤。若采用紫外线加臭氧的方式消毒,则应在消毒时间结束后有一定的排风时间,待臭氧消散后,人员方可进入。消毒、杀菌完成后,至少应等 30 min 才能进入[191]。

【误区提示】

(1) 使用紫外灯的实验室未设安全警示标志。

(2) 臭氧未消散时,人员进入实验室。

> **文件参考**
>
> ### 《病原微生物实验室生物安全管理条例》
>
> 《病原微生物实验室生物安全管理条例》于 2004 年 11 月 12 日由国务院令第 424 号公布,根据 2018 年 3 月 19 日《国务院关于修改和废止部分行政法规的决定》第二次修订。本条例是为加强病原微生物实验室生物安全管理、保护实验室工作人员和公众的健康而制定,适用于中华人民共和国境内的实验室及其从事实验活动的生物安全管理。
>
>
>
> 扫码下载
>
> ### 《病原微生物实验室生物安全环境管理办法》
>
> 《病原微生物实验室生物安全环境管理办法》于 2006 年 3 月 8 日由国家环境保护总局令第 32 号公布,自 2006 年 5 月 1 日起施行。本办法为规范病原微生物实验室生物安全环境管理工作而制定,适用于中华人民共和国境内的实验室及其从事实验活动的生物安全环境管理。
>
>
>
> 扫码下载
>
> ### 《病原微生物实验室生物安全通用准则》
>
> 《病原微生物实验室生物安全通用准则》(WS 233—2017)为强制性行业标准,于 2017 年 7 月 24 日由国家卫生和计划生育委员会发布,自 2018 年 2 月 1 日起实施。本标准规定了病原微生物实验室生物安全防护的基本原则、分级和基本要求,适用于开展病原微生物相关的研究、教学、检测、诊断等活动实验室。
>
>
>
> 扫码下载

10.3 病原微生物的获取与保管

病原微生物是指能引起疾病的微生物,第一类、第二类病原微生物统称为高致病性病原微生物。获取高致病性病原微生物菌(毒)种前应按规定流程申请和报批,获取后应妥善保存和严格管理。

10.3.1 使用高致病性病原微生物菌(毒)种,须办理相应申请和报批手续

【检查要点】

1. 获取病原微生物菌(毒)种的管理要求

从正规渠道获取病原微生物菌(毒)种,供应菌(毒)种的单位应具有相应的合格证书。获取高致病性病原微生物应按照学校流程审批,按规定报卫生和农业主管部门批准。学校要制定高致病性病原微生物菌(毒)种或样本的采购、使用管理制度和采购审批程序,并指定专门管理机构和人员管理具体事务。实验室在采购申请经学校审批通过后,应按照《病原微生物实验室生物安全管理条例》的规定,向省(自治区、直辖市)级行政部门提交申请材料审批。校内要留存有申请和审批的记录[192]。

2. 转移和运输高致病性病原微生物菌(毒)种的管理要求

转移和运输高致病性病原微生物菌(毒)种或样本,应当按规定报卫生和农业主管部门批准,未经批准,不得运输。在转移和运输高致病性病原微生物菌(毒)种或样本前,要按照要求进行规范化包装。运输高致病性病原微生物菌(毒)种或样本的容器、包装材料应当达到国际民航组织《危险物品航空安全运输技术细则》(Doc 9284 包装说明 PI602)规定的 A 类包装标准,符合防水、防破损、防外泄、耐高温、耐高压的要求,并应当印有国务院卫生主管部门规定的生物危险标签、标识、运输登记表、警告用语和提示用语等[193]。

【误区提示】

(1)供应商无病原微生物菌(毒)种的出售资质或资质不全;采购的病原微生物菌(毒)种不具有指定菌(毒)种保藏机构的行政批文或相应合格证书。高致病性病原微生物菌(毒)种或样本的采购未提前按文件要求向相关部门申请,未获得审批;未按要求留存申请和审批的记录,或记录不完整。

(2)未经省(自治区、直辖市)级卫生和农业行政部门批准,私自运输高致病性病原微生物菌(毒)种或样本;运输高致病性病原微生物菌(毒)种或样本的容器或包装材料不达标,对容器或包装材料表面未按要求张贴生物危险标签、标识、运输登记表、警告用语和提示用语等。

> **文件参考**
>
> ### 《人间传染的病原微生物菌(毒)种管理办法》
>
> 《人间传染的病原微生物菌(毒)种管理办法》于 2009 年 7 月 16 日由卫生部令第 68 号发布,自 2009 年 10 月 1 日起施行。本办法是为加强人间传染的病原微生物菌(毒)种保藏机构的管理,保护和合理利用我国菌(毒)种或样本资源,防止菌(毒)种或样本在保藏和使用过程中发生实验室感染或者引起传染病传播而制定,适用于中华人民共和国境内人间传染的病原微生物菌(毒)种管理。
>
>
>
> 扫码下载

> #### 《动物病原微生物菌(毒)种保藏管理办法》
>
> 《动物病原微生物菌(毒)种保藏管理办法》于 2008 年 11 月 26 日由农业部令第 16 号公布,2022 年 1 月 7 日,由农业农村部令 2022 年第 1 号修订,自 2022 年 1 月 7 日发布并施行。本办法是为加强动物病原微生物菌(毒)种和样本保藏管理而制定,适用于中华人民共和国境内菌(毒)种和样本的保藏活动及其监督管理。
>
>
>
> 扫码下载
>
> #### 《人间传染的病原微生物菌(毒)种保藏机构设置技术规范》
>
> 《人间传染的病原微生物菌(毒)种保藏机构设置技术规范》(WS 315—2010)为强制性卫生行业标准,由卫生部传染病标准专业委员会提出,卫生部批准,于 2010 年 4 月 15 日发布,自 2010 年 6 月 1 日起实施。本标准规定了人间传染的病原微生物菌(毒)种保藏机构设置的基本原则、设施设备要求、管理要求,适用于疾病预防控制、医疗保健、科研教学、药品及生物制品生产等承担国家人间传染的病原微生物菌(毒)种保藏任务机构的建设与管理。
>
>
>
> 扫码下载

10.3.2 高致病性病原微生物菌(毒)种应妥善保存和严格管理

【检查要点】

1. 病原微生物菌(毒)种保存的管理要求

使用病原微生物菌(毒)种的实验室应有相应的保存设施设备,如带锁的冰箱或柜子等。其中高致病性病原微生物菌(毒)种的保存应实行双人双锁管理,并建议配置监控报警装置。对所有病原微生物菌(毒)种的保存设备应有防护措施,应至少配有 2 名实验室工作人员负责管理,并建立使用台账,做到可溯源。涉及保密的病原微生物菌(毒)种的保存应符合国家的相关规定。

2. 病原微生物菌(毒)种使用的管理要求

涉及病原微生物菌(毒)种的保存、使用、销毁,应依据国家生物安全的有关法律、法规,并有完整的记录。记录应包括使用过程中接触菌(毒)种的所有人员信息,入库、出库及销毁记录等。销毁高致病性病原微生物菌(毒)种时,应采用安全可靠的方法,并应当对所用方法进行可靠性验证。销毁工作应当在与拟销毁菌(毒)种相适应的生物安全实验室内进行,由 2 人共同操作,应当对销毁过程进行严格监督和记录[194]。

【误区提示】

(1)实验室无病原微生物菌(毒)种保存的设施设备,或保存的设施设备已损坏,无法使用;实验室未建立病原微生物使用台账,或使用台账记录不完善;病原微生物菌(毒)种由单人管理,未执行双人双锁管理制度。

（2）对病原微生物菌（毒）种的保存、使用、销毁等未按照国家要求完整记录，未保存相关凭证或记录；对病原微生物菌（毒）种未在规定条件下销毁，且由单人私自销毁，无销毁过程记录，或记录不完整。

> **警示案例**

兰州某研究所布鲁氏菌病事件

事故经过：

2019年11月28日，兰州某研究所口蹄疫防控技术团队2名学生被检测出布鲁氏菌抗体阳性。2019年11月29日，该团队布鲁氏菌抗体阳性的人数增加至4人，随后该团队陆续检出布鲁氏菌抗体阳性人员，累计181例。2020年9月15日，兰州市卫健委发布通报称，截至2020年9月14日，累计检测21847人，初步筛选出布鲁氏菌抗体阳性4646人，甘肃省疾控中心复核确认布鲁氏菌抗体阳性3245人。

事故原因：

2019年7月24日—8月20日的近一个月内，兰州某生物制药厂在兽用布鲁氏菌疫苗生产过程中使用过期消毒剂，致使生产发酵罐废气排放灭菌不彻底，携带含菌发酵液的废气形成气溶胶，生产时段该区域主风向为东南风，该研究所处在该生物制药厂的下风向，人体吸入或黏膜接触布鲁氏菌后，产生布鲁氏菌抗体阳性，造成该研究所发生布鲁氏菌病事件。

安全警示：

对感染性生物材料应按规定程序进行有效的消毒、灭菌。对实验材料应及时检查，确保所用物品无损坏且均在有效期内。

10.4 人员管理

人是构成实验室生物安全的"三要素"（硬件、软件和实验人员）中的核心要素。若实验人员缺乏实验室生物安全意识、违反操作规程、安全防护不当，则将在各个环节产生暴露的风险。因此，必须大力抓好对实验人员的培训与管理工作。

10.4.1 开展病原微生物相关实验和研究的人员经过专业培训

【检查要点】

所有开展病原微生物相关实验的实验人员在上岗前都必须经过专业培训，并接受考核，经考核合格后取得相应上岗资质证书方可上岗。实验室应每年定期对实验人员进行培训（包括岗前培训和在岗培训），并对培训效果进行评估。对从事高致病性病原微生物实验活动的实验人员应每半年进行一次培训。培训要有计划性、可持续性和更新性，并有完整的培训记录。培训方式可分为全员培训和专项培训，专项培训又可分为管理类培训和操作类培训。培训的重点在防止气溶胶产生的操作、锐器操作、生物安全柜的使用、防护用品穿戴、样本运输、意外事故处理、逃生演练等方面，以达到增强生物安全防范技能的目的。通过培训应保证实验人员充分认识和理解所从事实验活动的风险，必要时应签署知情同意书[195]。

【误区提示】

（1）未经过培训的实验人员从事病原微生物相关实验；无培训记录，或培训记录不完整。

（2）操作专项培训不深入、不具体，未达到培训目的。

10.4.2 为从事高致病性病原微生物的工作人员提供适宜的医学评估

【检查要点】

1. 人员健康要求

实施监测和治疗方案，并妥善保存相应的医学记录。实验人员应在身体良好的情况下进入实验区工作。若出现疾病、疲劳或其他不宜进行实验活动的情况，则不应进入实验区。下列人员不得进入实验区：①孕妇；②未成年人；③免疫力低下者，如接受放疗、化疗及疲劳过度等人员；④感染后可能导致严重后果者，如严重的心脏病、高血压病和肾病等患者。

2. 健康体检制度

实验人员有上岗前体检和离岗体检，长期工作者有定期体检。实验室应建立从事高致病性病原微生物的实验人员健康体检制度，制定体检计划，建立健康体检档案，定期组织工作人员到医院进行体检，并进行健康评估，可根据需要进行临时性体检。通过健康体检定期评估实验人员承担相应工作任务的能力。不符合岗位健康要求的实验人员不得从事相关工作。对从事高致病性病原微生物工作的实验人员在上岗前必须保留本底血清，进行有关检测。必要时可收集血清与本底血清进行有针对性的检测，将检测结果记入健康监护档案[196]。

【误区提示】

（1）进入生物安全实验室的实验人员隐瞒身体健康状态。

（2）从事高致病性病原微生物工作的实验人员没有进行岗前体检和定期体检，缺少健康档案，或健康档案不完整，不能追溯。

10.4.3 制定相应的人员准入制度

【检查要点】

1. 出入登记

人员日常进出 BSL-2/ABSL-2 及以上高等级病原微生物实验室时，应进行登记，有进出记录。

2. 外来人员安全准入

外来人员进入生物安全实验室必须经过实验室负责人的批准，并要接受相关的教育培训,采取必要的安全防控措施,必须被告知生物安全实验室的潜在风险,并有文字记录存档。

3. 实验人员健康状况

从事病原微生物操作的实验人员发生感冒发热、呼吸道感染、怀孕、疲劳状态及使用免疫抑制剂等情况时,不适宜进行病原微生物操作,不得进行病原微生物实验[197]。

【误区提示】

(1)高等级病原微生物实验室没有出入登记记录,或者记录不完整;人员进出记录保存不当,不能溯源。

(2)外来人员未经过实验室负责人批准进出生物安全实验场所;对外来人员进出情况未登记;进入实验室的外来人员未经相关的教育培训;进入实验室未做好防护,实验室缺乏准入许可的相关文件资料。

(3)实验人员自身健康状况不佳且没有及时报告,仍进行病原微生物操作工作;实验人员由于自身健康状况不佳请假未被允许,仍进行病原微生物操作工作。

警示案例

美国疾控中心实验人员接触炭疽杆菌事故

事故经过:

2014年,亚特兰大美国联邦政府实验室证实,美国疾控中心某生物安全防护级别较高的实验室有86名实验人员接触高致死率炭疽杆菌。炭疽杆菌有3种传播途径,即皮肤、黏膜感染,呼吸道感染和消化道感染。一般临床表现为皮肤、肺部、脑膜和肠道等处的急性感染,有时伴有败血症,严重时会导致死亡。

事故原因:

疏忽大意,违规操作。该中心一名科学家在灭活炭疽杆菌时犯错,误以为已经灭活炭疽杆菌,将没有妥善灭活的炭疽杆菌样本供安全防护级别较低的其他实验室做实验,致其他人员无意中接触活体炭疽杆菌。

安全警示:

实验人员须严格执行生物安全管理与病原微生物标准操作规范,实验中应做好防护,对生物类废弃物不得随意丢弃,需首先进行灭活、消毒处理,由学校统一收集并联系有资质的公司进行焚烧处理。

10.5 操作与管理

生物安全实验室应制定相应生物安全手册及相关标准操作规范,开展相关实验活动前,应进行风险评估,制定应急预案,确保实验操作合规,安全防护措施合理。

10.5.1 制定并采用生物安全手册,有相关标准操作规范

【检查要点】

生物安全实验室应制定针对本实验室的生物安全手册或相关文件。实验室负责人应确保实验室全体工作人员了解生物安全手册的具体要求。涉及病原微生物操作时,实验室应制定相关实验活动的标准操作规范,即制定标准操作指导书,以降低实验室生物安全风险。应将标准操作指导书放在本实验室方便取用的地方。实验活动应严格按照实验室技术规范、操作规程进行。实验室负责人应当指定专人监督检查实验活动的规范性[198]。

【误区提示】

(1)未按要求制定针对本实验室实验活动的标准操作指导书、生物安全手册等。

(2)已制定针对本实验室的标准操作指导书、生物安全手册,但未放在本实验室方便取用的地方。

10.5.2 开展相关实验活动的风险评估和制定相应的应急预案

【检查要点】

1. 风险评估

BSL-2/ABSL-2及以上等级实验室开展病原微生物相关实验活动前,必须根据病原微生物的致病能力的程度、传播途径、稳定性、感染剂量、操作时的浓度和规模、实验对象的来源、是否有动物实验数据、是否有有效的预防和治疗方法等因素进行风险评估,评估不通过的不能开展相关实验活动。进行风险评估后,应形成评估报告,风险评估报告的内容至少包括实验活动(项目计划)简介、评估目的、评估依据、评估方法/程序、评估内容、评估结论。风险评估报告应经实验室设立单位批准。实验室应依据风险评估结论采取相应的风险控制措施。

2. 应急预案

BSL-2/ABSL-2及以上等级实验室开展病原微生物相关实验活动前,应制定病原微生物实验室意外事故应急预案,其中应包括组织机构、应急原则、人员职责、应急通讯、个体防护、应对程序、应急设备、撤离计划和路线、污染源隔离和消毒、人员隔离和救治、现场隔离和控制、风险沟通等内容。实验室负责人应定期组织人员对应急预案进行评审和更新。实验室应对所有人员进行培训,确保人员熟悉应急预案。每年应至少组织所有实验室工作人员进行1次应急演练。

3. 应急处置

BSL-2/ABSL-2及以上等级实验室开展病原微生物相关实验活动前,要建立实验动物病原微生物应急处置措施。当发生一般病原微生物泄漏时,应选择合适的消

毒液进行消毒处理。当发生高致病性病原微生物泄漏时,应立即向卫生主管部门报告,并采取防止高致病性病原微生物扩散的措施。当发生实验人员被实验动物咬伤、抓伤等意外接触暴露时,应立即进行紧急处理,必要时应使用预防药物进行干预。学校应制定实验室感染性物质溢洒应急处置规程。当发生溢洒事故及明显或可能暴露于感染物质时,必须向实验室负责人报告,并采取合理的应急措施。实验室应对此类事故进行调查分析,形成书面报告。报告应包括事故的详细描述、原因分析、影响范围、预防此类事故发生的建议及改进措施等。对所有事故报告应形成档案文件并存档[199]。

【误区提示】

（1）BSL-2/ABSL-2及以上等级实验室在开展相应实验时,未进行风险评估。

（2）BSL-2/ABSL-2及以上等级实验室未制定包括应对病原微生物丢失、遗漏、感染等事故发生的应急预案;应急预案未经演练,或者应急预案中提供的措施和程序达不到要求。

（3）病原微生物及感染性物质溢洒和意外事故发生后,应急处置不当。

10.5.3 实验操作合规,安全防护措施合理

【检查要点】

1. 生物安全柜

进行感染性微生物的操作时,容易产生气溶胶,因此,不同生物安全等级的实验应在相应等级（类型）及以上的合适的生物安全柜中进行。超净工作台的气压是正压（风往外吹）,因此,不准在超净工作台中进行病原微生物实验[200]。

2. 高速离心机

当用高速离心机离心含有感染性物质的液体时,必须使用可封口的离心管、离心桶（安全杯）。放置离心管时,要平衡对称,以防引起离心机故障或离心管破损。当无可封闭离心桶的离心机内盛有潜在感染性物质的离心管发生破裂或疑似破裂时,应关闭机器电源,密闭,待气溶胶沉积。若机器停止后离心桶破裂,则应立即盖上盖子并密闭,待气溶胶沉积。对上述情况均应通知给实验室生物安全负责人。对玻璃碎片,应穿戴厚橡胶手套,使用镊子进行清理。所有破碎的物品都应被置于无腐蚀性、可灭活相关微生物的消毒剂内。未破损的带盖离心管应被置于盛有消毒剂的另一容器中回收。对离心机内腔应用适当浓度的同种消毒剂擦拭多遍后,再用水冲洗并干燥。对清理时所使用的全部材料都应按感染性废弃物处理[201]。

3. 个体防护

从事病原微生物操作的实验人员必须配备必要的个体防护装备。实验人员应根据实验类型选择合适的防护用品,并在开展实验前仔细检查,以确保防护有效。当实验室

处理来自患者的含未知病原微生物的样本时,最低需要在 BSL-2/ABSL-2 级生物安全水平的实验室基础防护条件下开展,并做好相应的个体防护。在从事生物安全操作时,使用防护手套是为了避免操作者受到病原微生物感染。因防护手套往往会被病原微生物污染,故戴防护手套操作其他设施设备时,会污染这些设施设备。因此,禁止戴防护手套操作设施设备,如仪器、冰箱、电脑、电话、开关、门窗、柜子、抽屉等[202]。

【误区提示】

(1)未选择合适的生物安全柜进行病原微生物操作;在超净工作台中进行病原微生物操作;生物安全柜内摆放物品过多,影响气流;实验结束后,未对生物安全柜进行消毒。

(2)使用质量不合格的离心管盛装生物样品,进行高速离心实验;离心管或盖子破损,造成溢出或气溶胶散发。

(3)实验室未配备适合的防护用品;未对个体防护用品进行有效维护,防护效果达不到要求;戴手套操作或接触相关实验以外的其他设施设备。

警示案例

操作不慎,一只老鼠也能引发"血案"

事故经过:

案例1:1961年,莫斯科一家研究所的实验人员从流行性出血热疫区捕捉到一些野鼠并带回实验室,过了不久,该实验室中有63人出现发热状况,1周后又增加了30人。

案例2:1998年,西安某高校使用大鼠进行实验后,29名实验人员中有9人感染了流行性出血热。

事故原因:

案例1:实验人员因疏忽而把这些野鼠放在了室内暴露的场所,野鼠身上带有的出血热病毒以气溶胶的形式污染了实验室空气,导致实验人员感染流行性出血热。

案例2:实验过程中,有2名学生在给实验大鼠做放血、解剖操作时被大鼠咬伤,并感染流行性出血热。

安全警示:

定期开展安全教育,加强实验人员业务培训及管理。注重实验动物质量把控,规范使用实验动物。实验人员应掌握正确的动物实验方法,以防止受伤。应配备完善的动物饲养设施,避免实验动物被外界病原体感染。

10.6 实验动物安全

动物实验对生物医学的发展起着重要作用。实验动物的购买和使用,应遵守国家的法律、法规及相关规定。随着动物保护运动的兴起,动物实验面临着动物权利的伦理挑战,解决这一问题需要实验室实施伦理审查,尊重动物权益和福利。

10.6.1 实验动物的购买、饲养、解剖等须符合相关规定

【检查要点】

1. 实验动物许可制度

我国实行实验动物许可制度,实验动物许可证包括实验动物生产许可证和实验动物使用许可证。实验动物使用许可证适用于用实验动物及相关产品进行科学研究和实验的组织和个人。使用的实验动物及相关产品必须来自有实验动物生产许可证的单位,所采购的实验动物应具有实验动物质量合格证,并附有标准规定的近期实验动物质量检测报告。实验动物饲养环境及设施应符合国家标准。使用的实验动物饲料、垫料及饮水应符合国家标准及相关要求。实验动物使用许可证的有效期为5年,期满后应重新审核办理,不得转借、转让、出租给外单位使用。

2. 实验动物购买渠道

从事实验动物及相关产品保种、繁育、生产、供应、运输及有关商业性经营的组织,必须申请实验动物生产许可证。实验动物种子须来源于国家实验动物保育中心或国家认可的种源单位,遗传背景清楚,质量符合现行的国家标准;具有保证实验动物及相关产品质量的饲养、繁育、生产环境设施及检测手段;使用的实验动物饲料、垫料及饮水等应符合国家标准及相关要求;具有保证正常生产和保证动物质量的专业技术人员、熟练技术工人及检测手段和健全有效的质量管理制度等。实验动物生产许可证的有效期为5年,期满后应重新审核办理,不得转借、转让、出租给外单位使用。

3. 实验动物检验检疫

对用于解剖的实验动物要从有生产资质的单位购买,假如无合格提供单位,则对用于解剖的实验动物要进行检验检疫,检验检疫合格后方可开展动物实验。动物实验场所根据实际情况应有切实可行的检验检疫流程,且有可供查阅的文件资料[203]。

4. 解剖动物个体防护

在进行实验动物操作时,实验人员必须穿戴好个体防护用品,如防护服、手套、鞋、口罩和防护眼镜等。解剖实验动物时,实验人员要小心谨慎,防止被锐器划伤[204]。

5. 实验人员健康体检

从事解剖动物的实验人员应定期进行健康检查,及时调整健康状况不宜从事实验动物工作的人员[205]。

【误区提示】

(1)从事实验动物饲养、使用的单位无实验动物使用许可证或证件过期。

(2)从事实验动物生产的单位无实验动物生产许可证或证件过期。

(3)采购或获赠的实验动物生产单位无生产资质,或生产资质无效;不合格生产单位的实验动物未经有效检验检疫就被直接用于动物实验。

（4）进行动物实验操作时，实验人员未穿戴合适的个体防护用品；解剖实验动物时，实验人员将手术刀随意放置。

> **文件参考**
>
> ### 《实验动物管理条例》
>
> 《实验动物管理条例》于1988年10月31日由国务院批准，于1988年11月14日由国家科学技术委员会令第2号发布，2017年3月1日，根据《国务院关于修改和废止部分行政法规的决定》第三次修订。本条例是为了加强实验动物的管理工作，保证实验动物质量，适应科学研究、经济建设和社会发展的需要而制定。
>
>
>
> 扫码下载
>
> ### 《实验动物许可证管理办法（试行）》
>
> 2001年12月5日，科学技术部、卫生部、教育部、农业部、国家质量监督检验检疫总局、国家中医药管理局、中国人民解放军总后勤部卫生部发布《实验动物许可证管理办法（试行）》（国科发财字〔2001〕第545号）。本办法是为加强实验动物管理，保障科研工作需要，提高科学研究水平而制定，适用于中华人民共和国境内从事与实验动物工作有关的组织和个人。
>
>
>
> 扫码下载
>
> ### 《关于善待实验动物的指导性意见》
>
> 2006年9月30日，科学技术部为了提高实验动物管理工作质量和水平，维护动物福利，促进人与自然和谐发展，适应科学研究、经济建设和对外开放的需要，根据《实验动物管理条例》提出本意见。本意见适用于以实验动物为工作对象的各类组织与个人。各级实验动物管理部门负责对本意见的贯彻落实情况进行管理和监督。
>
>
>
> 扫码下载

10.6.2　动物实验按相关规定进行伦理审查，保障动物权益

【检查要点】

实验动物生产和使用单位应成立实验动物福利伦理委员会。实验动物福利伦理委员会至少应由实验动物专家、医师、实验动物管理人员、使用动物的科研人员、公众代表等不同方面的人员组成。实验动物福利伦理委员会负责实验动物保护、福利和伦理事项，并制定相关规范和制度，对涉及动物实验的研究项目应进行伦理审查，以维护实验动物福利伦理。进行动物实验设计时，应遵守"替代""减少"和"优化"的原则，避免对实验动物造成不必要的伤害，防止虐待动物。从事实验动物工作的人员对实验动物必须采取有效的关爱措施，保护实验动物的福利权益，避免不必要的伤害。通过提倡动物福利，保障动物处于舒适、健康、快乐等自然生活状态的5项自由或5项权利。对实验动

物福利伦理委员会所有审查或检查的证明材料和审查报告均应归档[206]。

【误区提示】

(1) 从事相关动物实验或者饲养实验动物的单位未按要求成立实验动物福利伦理委员会。

(2) 涉及动物实验的研究项目未申报伦理审查,或者经过了伦理审查,但实验过程中私自改变实验方案,不符合伦理学要求。

(3) 从事实验动物工作的人员戏弄或虐待实验动物。

⚠ 警示案例

黑龙江某高校解剖未检疫山羊致28人感染布鲁氏菌病事故

事故经过:

2011年3月至5月,黑龙江某高校动物医学学院5个班的27名学生和1名教师在上完动物解剖课后陆续出现发热、关节和肌肉疼痛、乏力、多汗等临床表现,被确诊为布鲁氏菌病。2010年12月19日下午,感染师生进行了羊活体解剖学实验。据了解,该学院的相关教师未按国家及黑龙江省实验动物管理规定,从哈尔滨市香坊区幸福镇纪某的养殖场违规购入4只山羊作为实验动物,先后开展5次动物实验(共涉及4名教师、2名实验员、110名学生),每次实验前均未按规定对实验山羊进行现场检疫,同时在指导学生实验过程中未能严格要求学生遵守操作规程进行有效防护。由于上述违规行为,导致28名师生确诊布鲁氏菌病,其中部分学生终身不育。黑龙江省教育厅将其定性为"重大教学责任事故",该校动物医学院院长和书记被免职,学校承担全部治疗费用。

事故原因:

在本次事故中,实验人员因在实验中使用了未经检疫的山羊而导致了布鲁氏菌的传播。实验室本可以做检疫,但是未做检疫;进行实验操作时,实验人员本应严格穿戴实验服、口罩、手套,但是因为教师要求不严格而导致了事故的发生。布鲁氏菌病属乙类传染病,人畜共患,潜伏期为7~60 d,发病后3个月为急性期。布鲁氏菌一般寄生在牛、羊、狗、猪等与人类关系密切的动物体内,通过感染动物的排泄物和被污染的食物进行传播。

安全警示:

对实验使用的动物须严格执行许可证制度,严控实验动物质量,对其携带的微生物应进行控制,确保其遗传背景明确、来源清晰。实验过程中实验人员须严格遵守操作规程,进行有准备的实验,注意做好个体防护。

10.7 生物实验废物处置

生物实验废物主要涉及动物及微生物的实验研究,为危险废物,具有潜在的致病性、伤害性。如对其未经恰当地处置而直接排放,则会造成环境污染,甚至疾病传播等严重后果。应加强对生物实验废物的管理,按照感染性废物处置要求对生物实验废物进行规范处置,避免对实验人员及环境造成生物性污染。

> **文件参考**
>
> **《医疗废物管理条例》**
>
> 《医疗废物管理条例》于 2003 年 6 月 4 日由国务院第十次常务会议通过,2003 年 6 月 16 日,由国务院令第 380 号发布并实施。本条例是为了加强医疗废物的安全管理,防止疾病传播,保护环境,保障人体健康而制定,适用于医疗废物的收集、运送、贮存、处置以及监督管理等活动。
>
>
>
> 扫码下载
>
> **《医疗废物分类目录(2021 年版)》**
>
> 国家卫生健康委员会和生态环境部为进一步规范医疗废物管理,促进医疗废物科学分类、科学处置,组织修订了 2003 年《医疗废物分类目录》,形成了《医疗废物分类目录(2021 年版)》,于 2021 年 11 月 25 日,由国家卫生健康委员会、生态环境部发布,自发布之日起施行。本目录适用于各级各类医疗卫生机构。
>
>
>
> 扫码下载

10.7.1 生物废弃物的中转和处置规范

【检查要点】

1. 生物废弃物处置单位

学校与有资质的单位签约处置生物废弃物,有交接记录,形成电子或纸质台账,且记录应保留 3 年以上;从事生物废弃物处置的实验人员应接受相关的法律知识、安全防护知识及紧急处理知识等的培训,应持证上岗,必须做好必要的个体防护,并进行必要的体检和免疫接种[207]。

2. 生物废弃物中转站

学校有生物废弃物中转站或收集点,用于收集本单位产生的生物废弃物。对收集的生物废弃物应有登记信息,登记信息应包括生物废弃物来源、种类、质量或数量、交接时间、处置方法、最终去向以及经办人签名等内容。对收集来的生物废弃物应及时联系有资质的单位进行清运[208]。

【误区提示】

(1)学校选取的生物废弃物处理机构无资质,或资质无效;实验人员未接受相关培训,或者培训记录缺失;实验人员处置生物废弃物时,未佩戴合适的个体防护用品。

(2)学校未设立生物废弃物暂存场所,或缺乏相关设施;暂存场所不符合相关建筑要求;对收集及转运的生物废弃物无登记信息或资料不完整;未及时清运生物废弃物。

10.7.2 生物废弃物与其他类别废物分开,并且做好防护和消杀

【检查要点】

1. 生物废弃物分类存储

应将生物废弃物与化学废物、生活垃圾等分开贮存;将生物废弃物与生活垃圾放入对应垃圾桶,不得将生物废弃物与生活垃圾混放在一起。将生物实验废物混入生活垃圾桶会造成危害,而将生活垃圾混入生物废弃物垃圾桶则会造成处置成本无谓增加[209]。

2. 生物废弃物垃圾桶

实验室应根据不同类型生物废弃物配置不同的垃圾桶。对一般固体废物采用生物废弃物垃圾桶(内置生物废弃物专用塑料袋),并粘贴专用标签、标识[210];对刀片、移液枪头等尖锐物应使用利器盒或耐扎纸板箱盛放,送储时再装入生物废弃物专用塑料袋,贴好标签[211]。

3. 生物废弃物的处置

动物实验结束后,对动物尸体及组织应做无害化处理,对生物废弃物彻底灭菌后方可处置[212];对涉及病原微生物或其他细菌类的生物废弃物必须进行高温高压灭菌(放置化学指示条检测灭菌效果)或化学浸泡处理(消毒剂应现用现配,保证消毒剂的有效浓度),然后由有资质的公司进行最终处置[213];高致病性生物材料废物处置有记录,可实现溯源追踪。严禁回收生物废弃物后再利用[214]。

【误区提示】

(1)生物废弃物垃圾桶和普通垃圾桶未区分,或已区分,但未使用专门的垃圾袋或收集容器,且无生物危害标识;将生物废弃物与生活垃圾混放在一起,或随意丢入垃圾桶。

(2)未配备生物废弃物垃圾桶和利器盒,随意丢弃或使用其他塑料垃圾袋收集生物实验垃圾;将锐器直接丢入塑料垃圾袋。

(3)未将实验动物送学校中转站或收集点,或未经必要的灭菌、灭活处理,无处置记录;涉及病原微生物的废物未经彻底高温高压灭菌就被运出实验室。

第 10 章巩固练习

(田廷科 杨全中)

第 11 章

辐射安全与核材料管制

随着核科学技术在高校实验中的广泛应用,由于辐射安全问题造成的实验室差错和事故也时有发生,辐射安全逐渐成为高校实验室安全管理的一项重要内容。辐射安全与核材料管制是指建立并保持对放射性危害的有效防御,保证核材料的安全与合法利用,以保护人员、社会、环境免受辐射危害的举措。

本章包括资质与人员要求、场所设施与采购运输、放射性实验安全及废物处置等3个方面,涉及实验室安全检查项目9个、检查要点19个,按照国家对有害辐射源与核材料管制的规定,对辐射工作单位与从业人员的资质、场所条件、采购审批、储存运输、使用防护和废弃处置等提出了相关要求,有利于保障从业人员的安全与健康。

11.1 资质与人员要求

辐射安全许可证是国家对辐射设备和辐射源进行管理的手段。辐射工作单位须取得辐射安全许可证。辐射工作人员须参加专项培训,取得辐射安全与防护培训合格证书,并定期体检。核材料持有单位须取得核材料持有许可证,核材料保管执行国家相关法律、法规的要求。

11.1.1 辐射工作单位须取得辐射安全许可证

【检查要点】

1. 辐射安全许可

辐射工作单位是指生产、销售、使用放射性同位素与射线装置的单位。从事放射性相关工作的学校须取得辐射安全许可证,按规定的放射性核素的种类和用量及射线种类许可范围开展实验活动。对辐射安全许可证需要每5年办理1次延续手续。

2. 射线装置许可

除已被豁免管理外,应将射线装置、放射源或者非密封放射性物质纳入许可证范畴,按照国家相关法律、法规严格管理[215]。

【误区提示】

(1)涉及放射性物质、射线装置的学校未办理辐射安全许可证;延续申请时,出现旧许可证已过期、新许可证未发放的情况;未严格按许可证上的地点使用相应的核素种类和用量。

(2)学校未对辐射装置实行统一管理;有辐射装置未被纳入许可证管理。

> **文件参考**
>
> ### 《放射性同位素与射线装置安全和防护条例》
>
> 《放射性同位素与射线装置安全和防护条例》2005年9月14日由国务院令第449号发布,自2005年12月1日起施行,根据2019年3月2日《国务院关于修改部分行政法规的决定》第二次修订。本条例是为了加强对放射性同位素、射线装置安全和防护的监督管理,促进放射性同位素、射线装置的安全应用,保障人体健康,保护环境而制定。
>
>
> 扫码下载
>
> ### 《放射性同位素与射线装置安全和防护管理办法》
>
> 《放射性同位素与射线装置安全和防护管理办法》于2011年4月18日由环境保护部令第18号公布,自2011年5月1日起施行。本办法是为了加强放射性同位素与射线装置的安全和防护管理而制定,适用于生产、销售、使用放射性同位素与射线装置的场所、人员的安全和防护,废旧放射源与被放射性物质污染的物品的管理以及豁免管理等相关活动。
>
>
> 扫码下载
>
> ### 《放射工作人员职业健康管理办法》
>
> 《放射工作人员职业健康管理办法》于2007年6月3日由卫生部令第55号发布,自2007年11月1日起施行。本办法是为了保障放射工作人员的职业健康与安全而制定,适用于中华人民共和国境内的放射工作单位及其放射工作人员。
>
>
> 扫码下载

11.1.2 辐射工作人员须经过专门培训,定期参加职业体检

【检查要点】

1. 辐射工作人员安全培训

辐射工作人员上岗前应当接受放射防护和有关法律知识的培训,考核合格后方可参加相应工作,培训时间不应少于4 d。学校辐射工作单位负责人、辐射工作人员须参加生态环境部门举办的辐射安全培训并取得辐射安全与防护培训合格证书,或者生态环境部辐射安全与防护考核通过成绩报告单。取得辐射安全与防护培训合格证书的人员,应当每4年接受1次再培训。不参加再培训的人员或者再培训考核不合格的人员,其辐射安全与防护培训合格证书自动失效[216]。

2. 辐射工作人员职业体检

辐射工作人员上岗前,应当进行职业健康检查,符合辐射工作人员健康标准的,方可参加相应的辐射工作。辐射工作单位应当组织上岗后的辐射工作人员定期进行职业健康检查,2 次检查的间隔时间不应超过 2 年,必要时可增加临时性检查。辐射工作人员脱离辐射工作岗位时,辐射工作单位应当对其进行离岗前的职业健康检查。学校应当为辐射工作人员建立并终生保存职业健康监护档案[217]。

3. 辐射工作人员辐射计量

应委托有资质的单位,安排本单位的辐射工作人员定期接受个人剂量检测,并获得检测报告。外照射个人剂量检测周期一般为 30 d,最长不应超过 90 d;内照射个人剂量检测周期按照有关标准执行。辐射工作人员进入实验场所需佩戴个人剂量计,不允许人不在场时将剂量计放在辐射工作场所。学校应当派专人负责个人剂量检测管理,建立并终生保存个人剂量检测档案[218]。

【误区提示】

(1)从事辐射工作的人员未经过培训,或虽重视初次培训,但不重视每 4 年 1 次的持续培训。

(2)未组织对辐射工作人员进行职业健康体检,或体检时间间隔超过 2 年。学校未建立辐射工作人员的职业健康监护档案。

(3)辐射工作人员未按要求佩戴个人剂量计;个人剂量计被放置于实验场所,与人分离,造成剂量虚假偏高;学校未按照 3 个月至少 1 次的监测周期,安排辐射工作人员进行剂量检测。

11.1.3　核材料许可证持有单位须建立专职机构或指定专人负责保管核材料,执行国家法律法规要求,有账目与报告制度,保证账物相符

【检查要点】

1. 核材料许可证

国家对核材料实行许可证制度。持有核材料数量达到法定要求的单位必须取得核材料许可证;累计调入或生产核材料数量小于规定限额者,可免予办理许可证,但必须向核工业管理部门申请办理核材料登记手续。对不致危害国家和人民群众安全的少量核材料制品可免登记,其品种和数量限额按核工业管理部门的规定执行。

2. 核材料保管

核材料许可证持有单位必须建立专职机构或指定专人负责保管核材料,严格交接手续,建立账目与报告制度,保证账物相符。

3. 核材料衡算

核材料许可证持有单位必须建立核材料衡算制度和分析测量系统,应用批准的分析测量方法和标准,达到规定的衡算误差要求,保持核材料收支平衡,并按国家核材料管制办公室的规定上报核材料的转让、定期盘存和账务衡算报告。许可证持有

单位还应对核材料账务衡算管理人员和实物保护人员进行业务培训及考核。

4. 核安保工作

核安保的目的是保障核材料的合法使用,防止丢失或被窃。核材料许可证持有单位应建立与核材料保护等级相适应的实物保护系统,设立安保组织机构,建立安保制度,配备足够的专职安保人员及安保装备,并与当地公安机关和驻地武警建立联络机制,采取安全保卫措施,防范对核设施、核材料的破坏、损害和盗窃[219]。

【误区提示】

(1)未按国家要求向核工业管理部门申请核材料许可证或办理核材料登记手续。

(2)核材料许可证持有单位未建立完善的核材料衡算制度和分析测量系统。

警示案例

天津某公司放射源丢失事故

事故经过:

2014年5月7日,天津市某公司在中石化南京生产基地院内进行探伤作业期间,丢失用于探伤的放射源铱-192一枚,次日报警。王某捡拾到放射源,随手放了他的右裤口袋里,将放射源带回了家,右大腿遭受辐射,初诊为急性轻度放射病,3年共花费300多万元。该事故被定义为重大责任事故,事后4名相关管理人员分别被判处5~10年有期徒刑。

事故原因:

工作人员在放射源操作和保管过程中违反相关规定,导致放射源铱-192丢失。

安全警示:

放射性物质的购买、使用和废弃都必须遵守国家相关法律、法规的要求。放射工作人员必须定期参加防护知识培训、职业健康体检等。对存储放射源与同位素的场所要实行双人双锁管理,配备监控和监测仪器。对放射性废物不得随意丢弃,需由有资质的单位进行处理。

11.2 场所设施与采购运输

高校实验室辐射设施和场所应设有警示、联锁和报警装置。学校每年应对辐射实验场所进行辐射监测,对放射性物质的采购、转移和运输应按规定报批。

11.2.1 辐射设施和场所应设有警示、联锁和报警装置

【检查要点】

1. 库房安全系统

对放射源储存库应设双人双锁,安装安全报警系统(与公安部门联网)和视频监控系统。对放射源储存库应采取双人双锁管理制度,有专人管理,并做好放射源贮存、领取、使用、归还情况的登记。对放射源贮存库应设置明显的电离辐射警示标志。

在放射源贮存库的出入口、存放部位应设置入侵报警和视频监控装置,应确保现场视频可清晰回放,对监控资料应至少保存 30 d[220]。

2. 安全联锁和报警装置

辐照设施设备和 2 类以上射线装置应具有能正常工作的安全联锁装置和报警装置。辐照设施设备和 2 类以上射线装置的控制系统应有钥匙控制,钥匙应由专人保管和使用,如从控制台拔出钥匙,则会自动停机。辐照设施设备和 2 类以上射线装置应有门机联锁和报警装置,只有确认防护门关闭后,才能开机或启动辐照设施。防护门上方设有工作信号灯,开机时信号灯亮,起警示作用。在辐照设施设备和 2 类以上射线装置出入口及其他必要位置设置固定式辐射监测仪,并将其与控制系统联锁,超出剂量时可报警。

3. 场所警示标识

辐射实验场所有明显的安全警示标识、警戒线和剂量报警仪。在涉源场所的出入口醒目位置应设辐射安全警示标识,在放射性同位素的包装容器、含放射性同位素的设备和射线装置处应当设置明显的放射性标识和中文警示说明。对辐射实验场所须实行严格的分区管理,用警戒线划分控制区和监督区。对放射性废物暂存库和设施应划出专门区域[221]。

【误区提示】

(1) 保管钥匙的人员离开插有钥匙的操作系统,钥匙失控;未定期对联锁和报警装置进行维护和维修,当系统失灵时,实验人员未能及时发现。

(2) 对放射源储存库没有严格执行双人双锁管理制度,或者库管、值守人员离守时间较长;当视频监控系统发生故障时,未能及时检修;监控资料保存时间不足 30 d。

(3) 对非密封放射性物质工作场所内的长、短半衰期核素未分区使用或将两者混用;对非密封放射性物质工作场所未配备表面污染仪;涉源场所的安全警示标识和警戒线不够醒目,未配备合适的剂量报警仪。

11.2.2 辐射实验场所每年有合格的实验场所检测报告

【检查要点】

辐射工作单位应当按照国家环境检测规范,对辐射实验场所进行辐射检测,并对检测数据的真实性、可靠性负责;不具备自行检测能力的辐射工作单位,可以委托经省级人民政府生态环境主管部门认定的环境检测机构进行检测。辐射实验场所每年应取得合格的实验场所检测报告,并将检测报告归档留存。辐射工作单位应定期开展辐射检测仪器的标定或对比工作,应将相关检测记录和报告形成档案,归档留存[222]。

【误区提示】

(1) 未取得合格的辐射实验场所检测报告,或检测报告未能包含全部辐射实验场所。

(2) 委托的第三方检测机构不具备相关检测资质。

(3) 自行检测的单位未定期开展检测仪器的标定或对比,导致检测数据有误。

> **文件参考**
>
> **《中华人民共和国核材料管制条例》**
>
> 《中华人民共和国核材料管制条例》于 1987 年 6 月 15 日由国务院发布,自发布之日起施行。本条例是为了保证核材料的安全与合法利用,防止被盗、破坏、丢失、非法转让和非法使用,保护国家和人民群众的安全,促进核能事业的发展而制定。本条例管制的核材料见本条例第二条。
>
>
> 扫码下载
>
> **《核材料管制条例实施细则》**
>
> 《核材料管制条例实施细则》于 1990 年 9 月 1 日由国家核安全局发布,自发布之日起执行。本实施细则根据《中华人民共和国核材料管制条例》第二十三条的规定制定,适用于核材料许可证的申请、审查、核准、颁发,核材料的账务衡算管理及实物保护。
>
>
> 扫码下载

11.2.3 放射性物质的转让、转移和运输应按规定报批

【检查要点】

1. 转让要求

对放射源和放射性物质的转让、转移应有学校及生态环境部门的审批备案材料。进行上述转让、转移前,必须先做好环境影响评价。转让放射性同位素的,转入单位应当在每次转让前报所在地省级环境保护主管部门审查批准。放射性同位素只能在持有许可证的单位之间转让。禁止向无许可证或者超出许可证规定的种类和范围的单位转让放射性同位素。转入、转出放射性同位素的单位应当在转让活动完成之日起 20 d 内,分别将 1 份放射性同位素转让审批表报送各自所在地省级环境保护主管部门[223]。

2. 运输要求

对放射性物质的运输应有学校及公安部门的审批备案材料。应委托取得国家规定的运输资质的单位运输放射性物质,使用放射性物质道路运输专用车辆运输,由运输单位报公安部门审批。经公安部门批准后,按照指定的时间、路线、速度行驶,并悬挂警示标识,配备押运人员,使放射性物质处于押运人员的监管之下[224]。

3. 变更登记

对放射源、放射性物质及 3 类以上射线装置储存和使用场所进行变更时,应重新开展环境影响评价。应建立放射源、放射性物质以及 3 类以上射线装置台账。领取、使用、归还放射性物质时,应当进行登记检查,做到账物相符。当学校有多个辐射工作场所时,学校应有总台账,各工作场所也应有本场所的台账[225]。

【误区提示】

(1) 未经政府部门批准购置放射性物质；采购豁免水平的放射性物质未办理相应手续，也未纳入监管范围；对放射性物质转让没有及时办理相关备案手续。

(2) 未报公安部门审批，自取放射源和非密封放射性物质；未报公安部门审批，委托无资质的单位转移、运输放射性物质。

警示案例

医源性超剂量 X 射线照射事故

事故经过：

案例 1：某研究院职工在检验该院试验基地低能 X 射线成像装置性能时，为了找出骨组织最好的影像效果，分别选择不同管压和相应管电流，在距 X 光管不同距离处 (25～200 mm) 对自己的左手照射了 20 余次，累积照射时间约 1.5 h。其左手接受到的物理剂量估计为 11.94 Gy。在受照射后第 3 天，其左手多处相继出现红肿、溃烂和疼痛等症状，被诊断为急性放射线烧伤，不得不接受植皮手术治疗。

案例 2：某医院在 X 射线透视条件下为患儿取异物，由于照射时间过长，X 射线照射剂量过大，致使患儿局部皮肤发生严重放射性灼伤，造成不应有的严重后果。

事故原因：

实验人员在使用 X 射线设备过程中没有按照使用 X 射线的安全规则，照射时间过长，照射剂量过大，引起事故发生。

安全警示：

在使用 X 射线的仪器时，必须严格按照安全操作规则，严禁过长时间超剂量使用 X 射线。应加强放射诊断相关单位的辐射危害和辐射防护的宣传教育，对相关专业人员进行上岗前培训。

11.3 放射性实验安全及废物处置

对各类放射性装置制定有安全操作规程、安保方案及应急预案。对放射源及设备报废、放射性废物（源）按国家相关规定处置。

11.3.1 各类放射性装置有符合国家相关规定的操作规程、安保方案及应急预案，并遵照执行

【检查要点】

1. 安全操作规程

对各类放射性装置应建立相应的安全操作规程，并严格执行。实验室应重点关注 γ 辐照、电子加速器、射线探伤仪、非密封性放射性实验操作、Ⅴ 类以上密封性放射性实验操作这 5 类操作[226]。

2. 安保方案

对使用各类放射性装置的实验室应建立相应的安保方案并严格执行。安保方案应包括人力防范要求、实体防范要求和技术防范要求。例如,设置值班室 24 h 值守;库房墙壁、房顶、出入库门和窗的材质、厚度应符合相关标准;应有完整的视频安防监控系统、入侵报警系统、出入口控制系统、电子巡查系统等。

3. 应急预案

学校和实验室应制定可操作性强的辐射事故应急预案,并严格执行。应急预案应当包括下列内容:①应急机构和职责分工;②应急人员的组织、培训以及应急和救助的装备、资金、物资准备;③辐射事故分级与应急响应措施;④辐射事故的调查、报告和处理程序;⑤辐射事故信息公开、公众宣传方案。辐射事故应急预案还应当包括可能引发辐射事故的运行故障的应急响应措施及其调查、报告和处理程序。学校和实验室应每年举办 1 次辐射事故应急演练。对应急预案和应急演练记录应归档[227]。

【误区提示】

(1)对各类放射性装置没有制定相应的安全操作规程,或有安全操作规程,但没有明示。

(2)设备运行时,操作人员擅离工作岗位,控制室无人;外来人员随意进入控制室,未办理出入登记手续。

(3)应急预案操作性不强,不符合上报程序。

文件参考

《中华人民共和国放射性污染防治法》

《中华人民共和国放射性污染防治法》于 2003 年 6 月 28 日由第十届全国人民代表大会常务委员会第三次会议通过并发布,自 2003 年 10 月 1 日起施行。本法是为了防治放射性污染,保护环境,保障人体健康,促进核能、核技术的开发与和平利用而制定,适用于中华人民共和国领域和管辖的其他海域在核设施选址、建造、运行、退役和核技术、铀(钍)矿、伴生放射性矿开发利用过程中发生的放射性污染的防治活动。

扫码下载

《放射性废物安全管理条例》

《放射性废物安全管理条例》于 2011 年 12 月 20 日由国务院发布,自 2012 年 3 月 1 日起施行。本条例是为了加强对放射性废物的安全管理,保护环境,保障人体健康,根据《中华人民共和国放射性污染防治法》而制定。本条例对放射性废物的处理、处置及其监督管理活动进行了规范。

扫码下载

11.3.2 放射源及设备报废时有符合国家相关规定的处置方案或回收协议

【检查要点】

1. 固体、液体废物的处置

对中、长半衰期核素固体、液体废物应有符合国家相关规定的处置方案或回收协议。短半衰期核素固体、液体废物放置 10 个半衰期,经检测达标后,可作为普通废物处理,有处置记录。对检测报告、相关申请及批复材料应留存备查(228)。

2. 废旧放射源的处置

报废含有放射源或可产生放射性的设备时,须报学校管理部门同意,并按国家规定进行退役处置;报废 X 光管时应将其敲碎,并拍照留存(229)。

3. 辐射工作场所的退役

涉源实验场所退役应按国家相关规定执行(230)。

【误区提示】

(1)中、长半衰期核素液体废物未经固化处理;未留存送贮存的证明材料。

(2)未对含放射源的设备按照射线装置进行处置;射线装置报废后未及时注销台账,账物不符。未经检测并报备主管部门,自行处置核素固体、液体废物。

(3)未经主管部门审批同意,自行将《建设项目环境影响评价分类管理名录》中的辐射工作场所改作它用。

11.3.3 放射性废物(源)应严加管理,不得作为普通废物处理,不得擅自处置

【检查要点】

实验室配备有效的(如铅制)放射性废物收集装置(桶或箱),存放地点有明显辐射警示标识,做到防火防盗、专人保管。对放射性废气、废液在送贮存前需要用适当的固化基材(玻璃、水泥、沥青、塑料等)固化(231)。对放射性废物应及时送交有资质的放射性废物集中贮存单位贮存(232)。排放气态或液态放射性流出物时,应严格按照环评和地方生态环境部门批准的排放量和排放方式执行[233]。

【误区提示】

(1)未将放射性废物按要求置入有效的收集装置,或将其当作普通废弃物。

(2)未对放射性废气和废液进行有效的固化。

(3)未将放射性废物按环保部门要求送交所在城市的放射性废物库。

第 11 章巩固练习

(田德庆　许盈盈)

第 12 章

机电等安全

在实验室的仪器设备中,机电等仪器设备最为普遍,也普遍存在安全隐患。仪器设备常规管理是保证仪器设备安全可靠地满足实验需要而采取的常规管理措施;机械安全是操作机械设备及高处作业人员必须掌握的知识;电气安全是保证电气作业安全,避免电气事故发生而采取的技术措施;激光安全可保证激光工作者和其他有关人员避免受到激光辐射的伤害;粉尘安全要求粉尘作业者掌握防爆炸、防吸入的粉尘作业安全防护知识。

本章包括仪器设备常规管理、机械安全、电气安全、激光安全、粉尘安全等 5 个方面,涉及实验室安全检查项目 16 个、检查要点 33 个,提出了机电等仪器设备的安全管理与防护要求,旨在帮助实验人员加强仪器设备的日常管理和用电安全管理,做好机械、激光、粉尘安全教育与安全防护,以利于保障实验人员的安全与健康。

12.1 仪器设备常规管理

仪器设备是高校实验室的主要技术物资装备,是开展教学、科研活动的物质基础。仪器设备的资产管理、大型特殊设备的使用、仪器设备的接地和用电、特种设备的安全防护是仪器设备常规管理的内容。

12.1.1 建立设备台账,设备上有资产标签,有明确的管理人员

【检查要点】

1. 设备台账

建立仪器设备信息化管理系统,有仪器设备总台账,有专人负责管理。设备台账包括单位名称(盖章)、资产编号、设备名称、设备型号、制造单位名称、价格、存放地点、管理人信息、建立日期等内容。应保留纸质设备台账。

2. 设备档案

对仪器设备要逐台建立资料档案和技术档案,要有使用、维修等记录。档案内容包括该机附带的各种资料(如说明书、合格证、电路图、装配图、附件清单、装箱单等)及其他技术资料(如验收报告、维修记录、校验记录等)。

3. 资产标签

仪器设备上有资产标签,标签上应含有仪器设备的中文名称、资产编号、条形码(或二维码)、领用人等信息[234]。

【误区提示】

(1)实验室仪器设备无专人管理,未建立台账,或者已有台账,但登记信息混乱、不完整。

(2)仪器设备资料档案和技术档案不全,未及时更新,记录不详。

(3)仪器设备无资产标签,或已有标签,但标签简单,信息缺失或不完整。

12.1.2 大型、特种设备的使用须符合相关规定

【检查要点】

1. 电气线路管理

大型仪器设备、大功率设备的电容量应与电路容量相匹配。大型、特种设备的电路、电线、空气开关、插座、过载保护器、漏电保护器等应安全可靠,其额定电容量应与被控设备的用电总功率相匹配。对大功率设备不可用接线板供电。使用多孔接线板供电时,接线板的额定电容量应大于控制连接设备总的负荷功率。

2. 运行维护记录

应有大型、特种设备运行维护记录。应制作统一的大型仪器设备使用记录本,信息记录完整,栏目包括使用日期、使用部门、实验内容、实验时长、操作人、备注等,若仪器有异常情况,则应记录在备注栏内。

3. 安全操作规程

对大型、特种设备应制定有安全操作规程或注意事项(主要包括仪器设备的操作步骤和安全注意事项等内容)。应将安全操作规程张贴在墙上,张贴位置应与仪器设备的位置相对应,以方便参阅[235]。

【误区提示】

(1)设备功率超过电路、开关的额定容量;未安装空气开关、过载保护器、漏电保护器,或已安装,但不能正常使用;对大功率设备使用接线板供电,多孔接线板搭载多个设备。

(2)对大型、特种设备的运行、维护无明确记录,或已有记录,但信息不完整,或记录本缺页。

(3)安全操作规程或注意事项缺失或内容不全,或未将其张贴于正确位置。

12.1.3 仪器设备的接地和用电符合相关要求

【检查要点】

1. 仪器设备接地

对仪器设备接地系统应按规范要求,采用铜质材料,接地电阻不高于 $0.5\ \Omega$。对一般电气设备的金属外壳及电气设备连接的金属夹,应采取可靠的接地保护措施。对特殊仪器,应采用专门的接地线路[236]。

2. 设备不开机过夜

学校应出台相关规定,要求对计算机、空调、电加热器、饮水机、长时间运行过热的设备等不随意开机过夜。因特殊实验要求,对须开机过夜的仪器设备、计算机,必须有安全预防和控制措施。对必须开机过夜的仪器设备,院系应建立清单,落实责任,做好必要的安全防范和监控措施,定期进行维护、检查。

3. 不间断电源管理

对不能断电的特殊仪器设备,应采取必要的防护措施,如安装双路供电设施、不间断电源、监控报警装置等,定期检查防护措施的安全性与有效性。对停用的设备需拉闸断电[237]。

【误区提示】

(1)电气设备未接地,或无接地保护措施;已有接地材料,但不符合要求;将3芯电线的接地线接到零线上。

(2)设备经常过夜运行,无安全预防和控制措施,或未建立安全防范和监控措施。

(3)对不能断电的特殊仪器设备,未安装双路供电设施、不间断电源、监控报警装置等,未定期检查防护措施的安全性和有效性。

12.1.4 特殊设备应配备相应的安全防护措施

【检查要点】

1. 特殊设备管理

实验室应特别关注高温、高压、高速运动、电磁辐射等特殊设备,对使用者应有培训要求。对于以上危险性较大的设备,须实行实验人员培训制度,有培训记录。应在设备附近张贴有安全警示标识,用安全警示线(黄色)划定作业区。应配备设备安全防护措施,如在高温设备使用场所配备烟雾报警器[238]。

2. 自制设备管理

非标准设备、自制设备应经安全论证合格后方可使用。进行自制设备设计时,应充分考虑安全要求,保证安全系数。在将自制设备投入使用前,要经过鉴定和验收,且应根据安全要求设置安全防护措施[239]。

【误区提示】

(1)特殊设备实验人员未接受培训,在设备附近未张贴安全警示标识,未配备安全防护措施。

(2)设计自研自制设备时未考虑安全要求,安全系数低,未对其进行鉴定和验收就投入使用。

警示案例

北京某高校厌氧培养箱爆炸事故

事故经过:

2009年10月23日13:10许,北京某高校化工学院5号教学楼901微生物实验室,1名博士生与1名硕士生正在跟2名技术人员学习刚买回来不久的实验仪器——厌氧培养箱的操作技巧,另外1名老师在做自己的实验。突然一声巨响,厌氧培养箱在调试过程中发生气体爆炸,约 40 m^2 的实验室内大多数玻璃器皿被震碎,玻璃门窗也被震坏,满地玻璃碎片。学生及调试人员在内的5人均被飞溅的玻璃碎片划伤。万幸的是,5人均无生命危险。

事故原因:

实验人员安全意识不足,对实验仪器、材料不了解。爆炸的厌氧培养箱属于新购设备,调试中违规操作,误将氢气灌入厌氧培养箱,与空气形成可燃混合气体,引发爆炸。

安全警示:

实验人员要加强对各类仪器操作技能的学习,特别是开机、停机,了解仪器存在的危险因素。健全各类仪器设备的操作档案,制定仪器设备操作规范。使用仪器时,要严格按照仪器操作规范进行,若不了解某个仪器设备的功能,则不要轻易使用。

12.2 机械安全

机械设备、铸造、锻造场地和高处都是危险的环境,必须严格遵守安全规定和操作程序,并做好个体防护。机械安全是操作机械设备及高处作业的实验人员必须掌握的安全知识,为确保机械安全,必须遵守以下基本要求。

12.2.1 机械设备应保持清洁整齐,可靠接地

【检查要点】

1. 机床整洁

数控机床、车床、铣床、刨床、高速旋转的钻床、切削设备等容易发生安全事故,因此,应保持数控机床周边清洁整齐。在数控机床的床头、床面、刀架上等处放置物品,会对物品和设备造成损坏,也会因物品阻碍、击飞而造成人体伤害,因此,严禁在数控机床的床头、床面、刀架上放置物品[240]。

2. 机械设备可靠接地

机械设备的金属外壳须有效可靠接地,可防止在绝缘层损坏或意外情况下金属外壳带电时,强电流通过人体,保证人身安全。

3. 机械设备整理

实验人员在实验结束后,应切断电源,整理好场地,将实验用具等摆放整齐,及时清理机械设备产生的废渣、废屑[241]。

【误区提示】

(1)数控机床周边杂乱,物品随意堆砌,或被放置于数控机床的床头、床面、刀架上。

(2)机械设备的金属外壳未可靠接地。

(3)实验结束后,未切断机械设备的电源;未将实验用具摆放整齐,未及时清理废渣、废屑。

12.2.2 操作机械设备时实验人员应做好个体防护

1. 个体防护用品

操作机械设备时,实验人员要将个体防护用品穿戴齐全,如工作服、工作帽、工作鞋、防护眼镜等;操作冷加工设备时,实验人员必须穿"三紧式"(袖口紧、领口紧、下摆紧)工作服,不能留长发(长发要盘在工作帽内),禁止戴手套[242]。

2. 切削机械防护

高速切削机械是指通过高速旋转或往复运动,对材料进行加工的装置,包括数控机床、车床、铣床、刨床、钻床等。实验人员进入高速切削机械操作工作场所前,应穿好工作服,戴好防护眼镜,扣紧衣袖口,长发者应戴好工作帽,束发于帽内。从事机械加工操作时,禁止戴手套、长围巾、领带、手镯等,禁穿拖鞋、高跟鞋等。开展实验前,应有安全教育环节,教师应检查学生实验前的着装情况。

3. 禁止在设备运转过程中做调整操作

当设备运转时,严禁用手调整工件,禁止实验人员身体的任意部位进入危险区,如需用手调整,则首先应关停设备[243]。

【误区提示】

(1)当设备运转时,实验人员未穿戴个体防护用品,或穿戴不齐全,工作服不符合要求,长发露出工作帽外,戴手套操作。

(2)实验人员在进行高速切削机械操作时,未做好防护准备,戴长围巾、领带,穿拖鞋、高跟鞋。

(3)当设备运转时,实验人员用手调整工件,进入危险区前未关停设备。

警示案例

美国某大学机械加工事故

事故经过:

2011年4月12日晚间,美国某大学天文和物理学专业大四女生米歇尔·杜福尔(Michele Dufault)在位于实验楼地下室的机械间操作车床设备时,可能由于不熟悉操作规程且疏忽大意,导致其头发被车床绞缠,最终导致颈部受压迫、窒息而身亡。次日凌晨2:30,在同一栋楼的同学发现其尸体并报警。米歇尔·杜福尔再过一个月就要毕业了,学院师生们为米歇尔·杜福尔的逝世感到悲痛和惋惜。

事故原因:

这是一个非常惨痛的实验室机械伤害事故。根据一些公开报道可以推测,米歇尔·杜福尔应该是没有做好长发防护而导致事故发生。当时她应该是一个人在做机械操作实验。对于有危险性的实验,绝对不允许一个人单独操作,何况是在晚上。米歇尔·杜福尔应该没有经过相关培训或者不熟悉机器的安全操作规程。

安全警示:

实验室安全事故的发生往往与人的疏忽或不合理操作有关,因此,加强实验人员的安全培训与教育至关重要。操作机械传动设备时,必须穿工作服,严禁穿裙装短裤和披长发。当启动和关闭机器时,要严格按照标准程序进行。应定期检修机器,拧紧连接螺钉,检查润滑度。

12.2.3 铸锻及热处理实验应满足场地和防护要求

【检查要点】

1. 铸造场地要求

铸造场地宽敞、通道畅通,要求将铸模放在宽敞平整的场地上,铸模外侧应留有畅通的通道,无杂物堆积。操作时,实验人员要按要求穿戴好防护用品,如劳保服、厚的棉手套等[244]。

2. 盐浴加热保护

用盐浴炉加热零件前,必须将零件预先烘干,用铁丝绑牢,缓慢放入炉中,以防因盐液炸崩而造成烫伤。进行盐浴热处理时,应有防护装置,穿戴防护服,以防止飞溅。盐浴温度高,不易觉察,对其应有安全提示和防护,以防发生烫伤[245]。

3. 金属材料淬火

淬火油槽内不得有水,油量不能过少,一般应将液面控制在油槽的 $1/3 \sim 1/2$ 处,以免发生火灾。在淬火油槽附近应配备灭火铲、灭火沙或灭火毯等灭火用物[246]。

4. 铸造工具使用

注意与铁水接触的一切工具(如浇铸工具、撇渣勺等)在使用前必须加热,严禁将冷的工具伸入铁水内,以免引起爆炸。金属铸造、模型的预热温度应不低于 120 ℃ [247]。

5. 锻压设备保护

锻压设备不得空打或大力敲打过薄锻件。锻造时,锻件的温度应达到 850 ℃ 以上,温度低则锻压效果差。锻锤空置时,应在其下面垫木块,以免无工件时,空打造成设备损害[248]。

【误区提示】

(1)铸造场地空间狭小、通道狭窄,铸模外侧杂物堆积;开展实验时,实验人员未按要求穿戴好防护用品。

(2)用盐浴炉加热零件时,未进行烘干和固定;进行盐浴热处理时,无防护装置,实验人员未穿戴防护服。

(3)淬火油槽内有水,油量过少,在其附近未配备灭火装置。

(4)将与铁水接触的工具未加热便置入铁水内;模型的预热温度低于 120 ℃。

(5)锻压设备空打或大力敲打过薄锻件;锻造时,锻件温度低于850 ℃。

12.2.4 高处作业应符合相关操作规程

【检查要点】

1. 高处作业

高处作业通常是指在坠落高度基准面2 m及2 m以上有可能坠落的高处进行的作业,主要包括洞口、攀登、悬空、交叉等基本类型,这些类型的危险作业是高处作业伤亡事故可能发生的主要地点。实验室应制定高处作业安全操作规程,采取严格的安全防护措施。进行高处作业前,须穿防滑鞋、戴安全帽、使用安全带[249]。

2. 临边作业

临边作业是指在施工现场中,工作面边沿无围护设施或围护设施高度低于80 cm时的高处作业,例如,楼层周边、楼梯侧边、平台或阳台边、屋面周边和沟、坑、槽、深基础周边等危及人身安全的边沿。临边作业是一种常见的危险作业,必须采取有效的安全防护措施。进行临边作业前,须在临空一侧设置防护栏杆。实验室应制定临边作业安全操作规程[250]。

【误区提示】

(1)工作人员进行高处、临边、攀登作业时,未做好防护措施,或防护用品佩戴不齐全。

(2)无高处、临边作业安全操作规程,或已制定,但未严格遵守。

12.3 电气安全

电在造福人类的同时,也会给人类造成灾难。电气设备是实验室不可或缺的一部分,但是如果使用不当,不仅会对人体造成严重的伤害,还会造成财产损失。电气安全是指电气设备在安装、使用、维修过程中不会对人体健康、周边设备造成威胁和损坏。电气安全包括人身安全和设备安全2个方面。电气安全管理的目的是防止电气事故发生,保障人身和财产安全。

12.3.1 电气设备的使用应符合用电安全规范

【检查要点】

1. 电气环境

电气元件容易因潮湿、积灰和积水等破坏绝缘层,造成短路,引起电气设备烧坏或火灾。应始终保持各种电气设备及电线干燥,防止浸湿,以防因短路而引起火灾,或烧坏电气设备[251]。

2. 功能间墙面接地

接地母排是与建筑物接地体之间的连接导体,能够将雷击电流通过接地极引入地下。在实验室内的功能间墙面上应设有专用接地母排,并设有多点接地引出端[252]。

3. 强电实验室防护

对高压、大电流等强电实验室要设定安全距离,按规定设置安全警示牌、安全信号灯、联动式警铃、门锁,有安全隔离装置或屏蔽遮栏(由金属制成并可靠接地,高度不低于2 m)[253];在控制室(控制台)应铺橡胶、绝缘垫等[254]。

4. 强电实验室防火要求

在强电实验室内禁止存放易燃、易爆、易腐品,应保持实验室通风、散热良好。强电实验室必须配备灭火器、消防砂箱、铁锹等消防器材[255]。

5. 设备接地放电

安全接地是为保证电工设备正常工作和人身安全而采取的一种用电安全措施,通过金属导线与接地装置连接来实现。应为电气设备配备残余电流泄放专用的接地系统[256]。

6. 电动工具的使用

禁止在充满可燃气体的环境中使用电动工具,因为易产生火花引起爆炸。

7. 电烙铁的使用

电烙铁有专门搁架,用毕应立即切断电源。电烙铁接通电源后,不可用手触摸电烙铁头[257]。

8. 强磁设备的防护

强磁设备在运行时,对周围产生强烈的磁场,会对人体产生辐射伤害,需要采取有效的防护措施。强磁设备应该配备与大地相连的金属屏蔽网[258]。

【误区提示】

(1)电气设备及电线周围潮湿或有渗水;用湿布、湿毛巾、水及非绝缘的工具等清洗电气设备。

(2)功能间墙面无专用接地母排,或已安装,但引出端数量不足。

(3)强电实验室安全距离不足,无安全警示牌,未设置安全隔离装置或屏蔽遮栏;控制室未铺橡胶、绝缘垫。

(4)在强电实验室内存放易燃、易爆、易腐品,实验室通风、散热差;强电实验室未配备灭火器、消防砂箱、铁锹等消防器材。

(5)电气设备未安装接地系统;高压用电气设备用毕,未进行充分放电。

(6)在使用电动工具时,未检查环境要求是否达标。

(7)电烙铁使用后,未及时切断电源;电烙铁使用完毕,未放置在专门搁架上。

(8)强磁设备周围未设置屏蔽网;采用的屏蔽网不符合规范要求。

12.3.2 操作电气设备应配备合适的防护器具

【检查要点】

1. 强电实验的个体防护

在一般环境条件下,允许人体持续接触的安全电压是36 V。36 V以上的电压为强电,36 V以下的电压为弱电。对强电实验平台要有警示标识(有电危险)或警示线。强电实验必须2人以上(有人监护)同时参与,禁止单人从事强电实验。实验完毕,应及时切断电源。对于使用380 V电压的实验室,要特别注意用电安全。在危险场所内禁止带静电工作,必须进行带静电操作时,须戴绝缘手套。对防护器具应按规定进行周期试验或定期更换。

2. 静电场所的个体防护

对容易产生静电的场所,要保持空气湿润,实验人员要穿防静电的衣服、手套和鞋靴。建议在静电场所内安装静电桩,做好静电接地,使静电及时导入大地,防止静电积聚,产生火花[259]。

【误区提示】

(1)对强电实验平台未设置警示标识;单人操作强电实验;实验结束后,未切断电源;进入危险场所带静电操作,且未戴绝缘手套。

(2)静电场所内空气干燥,实验人员进入时,未穿防静电服和鞋靴;静电场所内未安装静电桩,或已安装,但未接地。

警示案例

某高校人体静电致喷漆室烧毁事故

事故经过:

在某高校实验中心静电喷漆室内,实验人员穿橡胶底运动鞋进行操作,使人体带电,当实验人员接触设备时,因发生静电放电,导致洗涤油槽着火,喷漆室全部被烧毁。

事故原因:

实验人员在活动时,穿的衣服、鞋以及携带的工具与其他物体相摩擦,就可能产生静电。当携带静电的人走近金属管道和其他金属物体时,人的手指或脚趾会释放出电火花,电火花会导致油槽着火。

安全警示:

人体带静电可以引起火灾爆炸事故。在易燃易爆场所,实验人员应穿防静电鞋,站在导电地板上,对工作地面必须做导电化处理。最简单的防静电方法是洒水,对有些不能洒水的场所,必须采用导电地面,如导电橡胶板等。

12.4 激光安全

激光辐射能对人眼和皮肤造成严重伤害。激光辐射造成的眼部伤害主要是导致患者的视力大幅下降,严重时,会导致视网膜脱落甚至失明。激光辐射造成的皮肤伤害主要有色素沉着、红斑和水疱等。操作激光器前要做好激光屏蔽和个体防护,以免受到激光伤害。

12.4.1 激光实验室配有完备的安全屏蔽设施

【检查要点】

功率较大的激光器应有互锁装置、防护罩,激光照射方向未对他人造成伤害,应防止激光发射口及反射镜上扬。在激光工作中勿将头部接近平台,以防因透镜及反射组反射、投射的光入眼而造成伤害[260]。

【误区提示】

(1)对激光器未按要求安装互锁装置。

(2)开展激光实验时,发射口及反射镜上扬,照射方向朝向实验人员。

(3)实验人员在激光操作过程中将头靠近平台。

12.4.2 进行激光实验时须佩戴合适的个体防护用具

【检查要点】

1. 激光个体防护

激光实验人员应接受激光安全防护教育,懂得激光技术基础知识、危害评价、危害控制方法及危害防护措施。实验人员应戴防护眼镜等防护用品,不戴手表等能反光的物品,以避免因反射的光入眼而造成伤害。实验人员不得用裸眼或光学系统在光束内看直射光束或镜面反射光束。

2. 激光器操作要求

未经许可,任何人不得进入激光器正在运行的房间,或禁止在激光工作区域直视激光束和它的反向光束。禁止对激光器件做任何目视准直操作,禁止用裸眼检查激光器的故障,检查激光器必须在断电情况下进行。不允许将激光器瞄准任何人体、物体、动物、车辆、门窗和天空等[261]。

【误区提示】

(1)进行激光操作时,实验人员未做好个体防护,佩戴反光物品操作。

(2)进行激光操作时,实验人员直视激光束和反向光束,裸眼检查激光器的故障且未断电。

12.4.3 警告标识

【检查要点】

在激光器上或边上的醒目位置张贴有激光危害警告标识;在激光设备工作时,应有警告标识提示,以免其他人员误入激光工作区域[262]。

【误区提示】

(1)未张贴激光危害警告标识,或已张贴,但位置较为隐蔽。

(2)激光设备工作时,无警告标识提示。

12.5 粉尘安全

粉尘具有易爆特性。可燃性粉尘与空气混合后,能形成爆炸性混合物,若遇明火或高温物体,就会引起爆炸。粉尘可引起鼻炎、咽炎、支气管炎、尘肺病、肺癌等疾病。粉尘安全的重点是防爆炸、防吸入。

12.5.1 粉尘爆炸危险场所,应选用防爆型电气设备

【检查要点】

1. 粉尘作业防护

当悬浮在空气中的可燃性粉尘的浓度达到爆炸限以上时,遇点火源瞬间即可发生燃烧甚至爆炸。铝粉、镁粉甚至面粉都会发生燃爆。在大量粉状物质的贮存与使用场所内应选用防爆灯、防爆电气开关。应选用镀锌管进行防爆灯、防爆电气开关的导线敷设,必须达到整体防爆要求[263]。

2. 粉尘作业除尘

进行粉尘加工时,要有除尘装置,除尘器应符合防静电安全要求,除尘设施应有阻爆、隔爆、泄爆装置;对使用的金属工具应配有橡胶或塑料套,以防爆或避免产生火花[264]。

【误区提示】

(1)在可燃性粉尘的实验场所未安装防爆灯、防爆电气开关,导线材料不符合防爆要求,电源、电线老化。

(2)在粉尘加工场所内和设备上未安装符合要求的除尘装置,不符合防静电要求;直接使用无防爆功能或可能产生火花的金属工具。

12.5.2 进入产生粉尘的实验场所,须穿戴合适的个体防护用具

【检查要点】

在产生粉尘的场所入口处,要有明确的"防静电服装"提示。进入产生粉尘的场所内,应穿防静电的棉质衣服,禁止穿用化纤材料制作的衣服。在产生粉尘的场所内工作时,实验人员必须佩戴防尘口罩和护耳器[265]。

【误区提示】

(1)在产生易燃粉尘的场所入口处,未设立"防静电服装"提示;实验人员穿着用化纤材料制作的衣服进入产生粉尘的场所内。

(2)在产生粉尘的区域未配备防粉尘吸入的装备。

12.5.3 确保实验室内的粉尘浓度在爆炸限以下,并配备灭火装置

【检查要点】

1. 粉尘作业的加湿装置

对粉尘浓度较高的场所应配备、安装加湿装置(喷雾),使湿度在65%以上;对有粉尘的实验室应配有湿度计,并注意观察。

2. 粉尘作业的灭火装置

应配备与粉尘相适应的灭火装置。一般情况下,禁用干粉型、水剂型和泡沫型灭火器,建议配备二氧化碳灭火器[266]。

【误区提示】

(1)实验场所粉尘飞扬、环境干燥,未配置加湿器。
(2)对粉尘作业场所未配备合适的灭火装置。

文件参考

《粉尘防爆安全规程》

《粉尘防爆安全规程》(GB 15577—2018)于2018年11月19日由国家市场监督管理总局、中国标准化管理委员会发布,自2019年6月1日起施行。本标准规定了粉尘防爆安全总则、粉尘爆炸危险场所的建(构)筑物的结构与布局、防止粉尘云与粉尘层着火、粉尘爆炸的控制、除尘系统、粉尘控制与清理、设备设施检修和个体防护,适用于粉尘爆炸危险场所的工程及工艺设计、生产加工、存储、设备运行与维护。

扫码下载

第12章巩固练习

(田廷科　曹矿林)

第 13 章

特种设备与常规冷热设备

特种设备与常规冷热设备是高校实验教学、科研的重要物质基础,在高校实验室中数量庞大、分布广泛、涉及面广,具有高风险、高危害、高事故发生率的特点。特种设备是指涉及生命安全、危险性较大的承压、载人和吊运设备,包括承压类特种设备和机电类特种设备两类。承压类特种设备包括锅炉、压力容器、压力管道等,这类设备具有爆炸、泄漏、着火危险性。机电类特种设备包括电梯、起重机械、场(厂)内专用机动车辆等,这类设备一旦运转失灵,往往会造成人身伤害事故。常规冷热设备是指冰箱、烘箱、电阻炉、电吹风等电力加热或制冷设备,可能发生漏电(触电)、起火、爆炸等安全故障,从而对人身安全和财产安全造成威胁。由此可见,强化高校特种设备与常规冷热设备的管理刻不容缓。

本章包括起重类设备、压力容器、场(厂)内专用机动车辆、加热及制冷装置管理等 4 个方面,涉及实验室安全检查项目 15 个、检查要点 37 个。本章主要阐述起重设备的安全使用与管理、压力容器的基本安全常识、场(厂)内专用机动车辆的使用要求和加热及制冷装置的安全要点,为实验人员科学管理、安全使用这类设备提供指导。

13.1 起重类设备

起重类设备是指用于吊装和运输重物的机械设备,包括各种起重机械和悬吊设备。起重设备使用广泛,可用于建筑工地、港口码头、工厂车间等多个场所。起重设备的操作具有一定的风险性,一旦发生事故,则不仅会造成人员伤亡,还会造成财产损失和环境破坏。因此,加强起重类设备的安全防护是非常必要的。

13.1.1 达到《特种设备目录》中起重机械指标的起重设备须取得特种设备使用登记证

【检查要点】

1. 使用资质的办理

额定起重量大于或者等于 0.5 t 的升降机,额定起重量大于或者等于 3 t(或额定起重力矩大于或者等于 40 t·m 的塔式起重机,或生产率大于或者等于 300 t/h 的装卸桥),且提升高度大于或者等于 2 m 的起重机,层数大于或者等于 2 层的机械式停车设备,须取得特种设备使用登记证。在特种设备投入使用前或投入使用后 30 d 内,实验人员应向负责特种设备安全监督管理的部门办理使用登记,取得特种设备使用登记证。应当将登记标志置于该特种设备的显著位置。

2. 使用资质的变更、注销

特种设备安全状况发生变化、长期停用、移装或者学校更名的,学校应当按照有关安全技术规范的规定向登记机关申请办理变更手续。对存在严重安全隐患,无改造、修理价值的起重设备,学校应依法履行报废义务,采取必要措施消除该特种设备的使用功能,并向原登记的负责特种设备安全监督管理的部门办理特种设备使用登记证注销手续[267]。

【误区提示】

(1)学校未对属于特种设备的起重设备进行使用登记,未取得特种设备使用登记证。

(2)属于特种设备的起重设备停用后,学校未及时办理停用手续;学校违规使用已经办理停用或报废注销的起重设备。

文件参考

《中华人民共和国特种设备安全法》

《中华人民共和国特种设备安全法》于 2013 年 6 月 29 日由第十二届全国人民代表大会常务委员会第三次会议通过,自 2014 年 1 月 1 日起施行。本法是为了加强特种设备安全工作,预防特种设备事故,保障人身和财产安全,促进经济社会发展而制定,适用于特种设备的生产(包括设计、制造、安装、改造、修理)、经营、使用、检验、检测和特种设备安全的监督管理。

扫码下载

《特种设备安全监察条例》

《特种设备安全监察条例》于 2003 年 3 月 11 日由国务院令第 373 号公布,根据 2009 年 1 月 24 日《国务院关于修改〈特种设备安全监察条例〉的决定》修订。本条例是为了加强特种设备的安全监察,防止和减少事故,保障人民群众生命和财产安全,促进经济发展而制定。

扫码下载

《特种设备使用管理规则》

《特种设备使用管理规则》(TSG 08—2017)于2017年1月16日由国家质量监督检验检疫总局批准颁布。本规则是为了规范特种设备使用管理,保障特种设备安全经济运行而制定,适用于《特种设备目录》范围内的特种设备的安全与节能管理。

扫码下载

《特种设备作业人员监督管理办法》

《特种设备作业人员监督管理办法》于2005年1月10日由国家质量监督检验检疫总局令第70号公布,根据2011年5月3日《国家质量监督检验检疫总局关于修改〈特种设备作业人员监督管理办法〉的决定》修订。本条例是为了加强特种设备作业人员监督管理工作,规范作业人员考核发证程序,保障特种设备安全运行而制定。

扫码下载

13.1.2 起重机械作业人员、检验单位须有相关资质

【检查要点】

1. 人员持证上岗

起重机指挥、起重机司机应经培训合格,取得相应的特种设备安全管理和作业人员证,持证上岗。进行起重机械作业时,应当保证每班至少有1名持证的作业人员在岗。对特种设备安全管理和作业人员证应每4年提交复审1次,以确保证书在有效期内[268]。

2. 定期检验

学校应当在特种设备定期(每2年)检验有效期满1个月前,委托有资质的单位提出定期检验的申请,并进行定期检验。学校应当将定期检验合格证置于特种设备的显著位置。对普通起重设备(起重重量3 t以下)不强制要求定期检验[269]。

【误区提示】

(1)起重机指挥、起重机司机未取得特种设备安全管理和作业人员证,或已有证书,但过期未复审。

(2)对特种设备超期未进行检验,未张贴检验合格标志。

13.1.3 起重机械须定期保养,设置警示标识,安装防护设施

【检查要点】

1. 日常维护保养

学校应当对在用的起重机械进行经常性维护、保养。对在用起重机械至少每月进

行1次日常维护保养、自行检查,并做记录。学校应保证起重机械始终处于正常状态。如发现起重机械有异常情况,则作业人员应立即停止使用,并及时处理和维修[270]。

2. 操作规程、标识及防护措施

学校应制定起重设备安全操作规程,明确安全使用说明、使用注意事项、应急处置方案,将之张贴在墙上。应在起重机械周边的醒目位置张贴警示标志。在起重机械周边应有必要的安全距离和防护措施,如使用起重机械限位器[271]。

3. 报警装置、运行通道

在起重设备上应设置蜂鸣器、闪光灯等作业报警装置,声光报警正常;对室内起重设备要标有运行通道,以防出现事故时无法运出[272]。

4. 对废弃不用的起重机械的处理

对废弃不用的起重机械应及时拆除[273]。

【误区提示】

(1)对起重机械未按要求定期维护、保养和检查,或已按要求执行,但未记录。

(2)未制定起重机械安全操作规程,或已制定,但未张贴在墙上;未张贴安全警示标识,缺少必要的防护措施。

(3)未按要求设置作业报警装置,或装置无法正常运行,室内无起重设备运行通道标识。

(4)未及时拆除废弃不用的起重设备。

警示案例

某实验室学生擅自操作致行车脱轨事故

事故经过:

某实验室有一台行车,学生出于好奇,就擅自进行操作,由于不懂行车刹车的操作程序,结果连人带车一起撞到墙上,致使行车脱轨落地,学生受伤,设备、墙壁被撞坏。

事故原因:

学生没有经过行车操作培训,擅自操作行车。

安全警示:

未经过培训的实验人员不得操作起重设备。学生在实验室工作,不能不懂又不问,更不能凭一时好奇乱动。实验室工作人员见到学生乱动实验设备时,要上前劝阻,对不听劝阻而引发事故的学生应给予处分。

13.2 压力容器

压力容器是指盛装气体或液体的、承载一定压力的密闭设备。压力容器是工业生产不可缺少的机械设备。压力容器不仅是承受流体压力的密闭容器,从其安全性

第 13 章　特种设备与常规冷热设备

而言,更是一类具有潜在爆炸危险的特种设备。为确保压力容器安全,采取一定的监管和预防措施是非常必要的。

13.2.1　压力容器使用登记、相关人员资格

【检查要点】

1. 压力容器使用登记

盛装气体或者液体,承载一定压力的密闭设备,其范围规定为最高工作压力大于或者等于 0.1 MPa(表压)的气体、液化气体和最高工作温度高于或者等于标准沸点的液体、容积大于或者等于 30 L 且内直径(非圆形截面指截面内边界最大几何尺寸)大于或者等于 150 mm 的固定式容器和移动式容器以及氧舱,须取得特种设备使用登记证。

对属于特种设备的压力容器,在投入使用前或使用后 30 d 内,使用单位应向负责特种设备安全监督管理的部门办理使用登记,须取得特种设备使用登记证和填写特种设备使用登记表。设备铭牌上标明简单压力容器的无须办理(气瓶的安全检查要点见"9.6 实验气体管理")[274]。

2. 操作人员持证上岗

属于特种设备的压力容器的操作人员,如快开门式压力容器操作人员、移动式压力容器充装人员、氧舱维护保养人员、特种设备安全管理员,应取得特种设备安全管理和作业人员证,持证上岗,每 4 年复审 1 次,以确保证书在有效期内[275]。

【误区提示】

(1)违规使用无特种设备使用登记证的压力容器。对属特种设备的压力容器未取得特种设备使用登记证,未填写特种设备使用登记表。

(2)特种设备的压力容器操作人员未取得特种设备安全管理和作业人员证就上岗,或证书已过期。

13.2.2　压力容器定期检验

【检查要点】

1. 定期检验

压力容器使用单位必须委托有资质的单位对压力容器进行定期检验,通过检验后,方可取得安全检验合格证。首次检验在投入使用前完成,后续检验根据安全状况等级,一般 3~6 年检验 1 次。下一次检验的时间以特种设备检验部门出具的安全检验合格证为准,应在安全检验合格证到期前 1 个月内进行。应将有效期内的安全检验合格证置于特种设备的显著位置[276]。

2. 定期校验

安全附件是保障压力容器安全运行,减少事故发生、人员伤害及财产损失的安全

装置。需委托有资质的单位定期校验或检定安全阀或压力表等安全附件。一般每年校验安全阀、压力表 1 次[277]。

【误区提示】

(1)使用未检验的压力容器,或安全检验合格证已过期,或有安全检验合格证,但未将之置于特种设备的显著位置。

(2)对安全阀、压力表等安全附件未定期校验,或定期校验单位无资质。

13.2.3 压力容器使用管理

1. 机构、人员设置

使用单位应设置安全管理机构,配备安全管理负责人、安全管理人员和作业人员,建立各项安全管理制度,制定操作规程[278]。

2. 检查并记录

实验室应经常巡回检查,若发现异常,则应及时处理,并做记录[279]。建立压力容器自行检查制度,对压力容器本体及其安全附件、装卸附件、安全保护装置、测量调控装置、附属仪器仪表进行经常性维护保养,每月至少进行 1 次月度检查,每年至少进行 1 次年度检查,并做记录[280]。对简单压力容器也应建立设备安全管理档案[281]。

3. 防爆、防雷要求

盛装可燃、爆炸性气体的压力容器具有较大的危险性,易引发安全事故,导致人员伤害和财产损失。易燃气体泄漏后,可与空气形成混合气体,遇火源后可发生燃爆。存储可燃、爆炸性气体的气罐必须防爆,应将容器的电器开关和熔断器设置在明显位置。对电器开关和熔断器应采用防爆产品。

雷击或闪电会释放大量能量,如果可燃、爆炸性气罐受到雷击或闪电影响,则电流会通过罐体发热,产生火源,导致燃爆,因此,对室外放置的大型气罐应注意防雷,应设避雷装置且接地良好[282]。

【误区提示】

(1)未制定压力容器安全管理制度和操作规程,未落实安全责任制,无相关工作记录。无检查记录或记录不规范。

(2)对盛装可燃爆炸性气体的压力容器的电器开关和熔断器未采用防爆产品,或设置位置隐蔽。可燃性气罐靠近火源、热源。

(3)对室外放置的大型气罐未设避雷装置,或对避雷装置未定期检验,未接地。

⚠ 警示案例

某高校高压灭菌器操作事故

事故经过:

2016 年 5 月 25 日 21:00 许,某高校实验室博士研究生使用高压灭菌器对培养液进行灭菌操作。在完成灭菌作业、灭菌器腔内压力降为 0 后,在该博士研究生开盖取出培养液玻璃瓶的过程中,瓶子突然爆裂,导致该博士研究生面部被玻璃碎片划伤,左眼眼角膜、双手及胸部等多处被水蒸气灼伤。

事故原因:

该博士研究生在对培养液进行灭菌操作的过程中,未按要求使培养液随高压灭菌器自然冷却,而是违规强制排气冷却,在取出培养液玻璃瓶时瓶体开裂,出现培养液爆沸现象,导致人体被玻璃碎片划伤和水蒸气灼伤。

安全警示:

使用手动高压灭菌器对瓶装液体灭菌时,实验人员应让高压灭菌器腔内温度自然下降,当压力降至 0 时,打开排气阀,旋松螺栓,打开盖子,取出灭菌物品,否则会因瓶子内外压力差而使瓶内液体喷溅,甚至使盛装液体的瓶子破裂、爆炸。

13.2.4　压力容器的使用年限及报废

【检查要点】

对达到设计使用年限的压力容器应及时报废(对未规定使用年限,但是使用超过 20 年的压力容器应视为达到使用年限)。如若继续使用,则使用单位应委托有检验资质的特种设备检验机构参照定期检验的有关规定对其进行检验,必要时进行安全评估,经使用单位主要负责人批准,办理使用登记证书变更后,方可继续使用[283]。

【误区提示】

压力容器超期使用。

13.3　场(厂)内专用机动车辆

场(厂)内专用机动车辆是指仅在工厂厂区、学校校园、实验室库房、游乐场所等特定区域使用的专用车辆。场(厂)内专用机动车辆属于特种设备,具有载人属性,一旦发生事故,就会造成人员伤亡及重大经济损失。使用单位应该严格落实特种设备使用安全责任,保证场(厂)内专用机动车辆安全运行。

13.3.1　场(厂)内专用机动车辆须取得特种设备使用登记证

【检查要点】

除道路交通、农用车辆以外,仅在工厂厂区、学校校园、实验室库房、游乐场所等特定区域使用的专用机动车辆须取得特种设备使用登记证[284]。

【误区提示】

(1)须进行使用登记的场(厂)内专用机动车辆未取得特种设备使用登记证。

(2)虽已登记,但场(厂)内专用机动车辆已达使用年限或报废期。

13.3.2　作业人员取得相应的特种设备安全管理和作业人员证,持证上岗

【检查要点】

场(厂)内专用机动车辆作业人员须取得特种设备安全管理和作业人员证,持证上岗,并每4年申请复审1次,以确保证书在有效期内[285]。

【误区提示】

场(厂)内专用机动车辆作业人员未取得特种设备安全管理和作业人员证,无证操作场(厂)内专用机动车辆,或证书过期未申请复审。

13.3.3　委托有资质的单位进行定期检验

【检查要点】

应委托有资质的单位对场(厂)内专用机动车辆进行定期检验。应确保车辆检验合格证在有效期内。应当在定期检验有效期届满1个月前,向特种设备检验机构提出检验申请,进行定期检验。应将检验合格证张贴在场(厂)内专用机动车辆的显著部位[286]。

【误区提示】

(1)场(厂)内专用机动车辆超期,未进行定期检验。
(2)未对场(厂)内专用机动车辆张贴在有效期内的车辆检验合格证。

13.4　加热及制冷装置管理

加热装置主要是指烘箱、电阻炉、电吹风、电烙铁、加热浴锅等。制冷装置主要是指在实验室使用的,包括但不限于用于存放化学品、生物制品、实验样品、实验用食品的冰箱。

13.4.1　贮存危险化学品的冰箱满足防爆要求

【检查要点】

贮存危险化学品的冰箱应为防爆冰箱或经过防爆改造的冰箱,在冰箱门上应注明是否为防爆冰箱。防爆改造主要是消除电火花源,包括拆除照明灯等。禁止用无霜型电子温控冰箱贮存易燃易爆试剂,因为这类冰箱容易产生电火花[287]。

【误区提示】

(1)用无霜型电子温控冰箱贮存易燃易爆试剂。
(2)冰箱因故障而停止运行,但未取出其内的易燃易爆试剂。

13.4.2 冰箱内存放的物品须标识明确,试剂必须可靠密封

【检查要点】

1. 对物品标识明确并经常清理

对冰箱内存放的物品须标识明确,标识至少应包括名称、使用人、日期等。应经常清理冰箱,并做记录[288]。

2. 试剂瓶螺口紧固,无开口

对实验室冰箱中保存的试剂必须密封好,应尽量拧紧试剂瓶螺口,不得在冰箱内放置无盖的烧瓶、烧杯或包装不严密的容器(除非内装物质没有挥发性),以免冰箱内空气中的有机物浓度增加。

3. 不放置食品等

实验室冰箱是放置实验物品用的,除实验用的食品、药品外,不得将生活用的食品、药品放入实验室冰箱内。在办公室、学习室的冰箱内可以放置生活用的食品、药品,但不能放置实验用的食品、药品。超低温冰箱门上有储物分区标识,对置于走廊等区域的超低温冰箱须上锁[289]。

【误区提示】

(1)试剂瓶标识不清;冰箱中试剂瓶摆放混乱,有叠放现象;冰箱长期未清理,无清理记录,冰箱内有许多无标签的试剂瓶。

(2)未将试剂瓶盖拧紧,在冰箱内放置无盖的烧瓶、烧杯或包装不严密的容器。

(3)将生活用的食品、蔬菜、饮料放入实验室冰箱内;将非实验用的药品放入实验室冰箱内。

> **警示案例**

某高校冰箱存放试剂爆炸事故

事故经过:

2006年5月8日22:30许,某高校化学楼4楼一实验室发生冰箱爆炸事故,幸亏当时实验室内空无一人,因而没有造成人员伤亡,但整个实验室被炸得面目全非。据调查,该冰箱中共存放了17种不同的有机试剂,因有部分渗漏致使冰箱中积聚了易燃易爆气体,同时,正好遇上"五一"假期,长时间没有开冰箱门,使得易燃易爆气体的浓度更高,最终因冰箱温控启动时产生的电火花引发爆炸。

事故原因:

这起事故是由使用非防爆冰箱存放试剂所致。非防爆冰箱使用机械温控器,它是靠温包热胀冷缩原理带动电触点来启动冰箱、达到温控目的的。当电触点被带动时,瞬间就会产生电火花;同时,冰箱照明灯(有可能会爆灯)及开关也是电火花来源,当冰箱中的易燃易爆试剂由于微泄漏而积聚到一定浓度时,一旦遭遇电火花,就会引

起爆炸。

安全警示：

应使用防爆冰箱储存沸点低的有机溶剂，如果用普通冰箱，则必须进行有效的防爆改造。同时，不能将冰箱作为保险箱，乱放试剂，应注意试剂包装的密封性并经常进行清理。

13.4.3 冰箱、烘箱、电阻炉的使用满足使用期间和空间等要求

【检查要点】

1. 冰箱不超期服役

冰箱有使用年限，其压缩机使用过久容易发生火灾，一般应将使用期限控制在 10 年，如超期使用，则需申请延期，并经审批通过。建议对使用 16 年的冰箱进行强制报废。当冰箱发生故障不能维修时，应强制报废[290]。

2. 冰箱应散热良好

在冰箱周围应留出足够空间，一般应离墙 10 cm 以上。在冰箱周围不堆放杂物，以免影响冰箱散热[291]。

3. 烘箱、电阻炉不超期服役

烘箱、电阻炉长期在高温下工作，易造成线路老化、温控失灵，易发生安全事故。烘箱、电阻炉的使用期限一般为 12 年，如超期使用，则需申请延期，并经审批通过[292]。

4. 加热设备周围环境良好

应将加热设备放置在通风干燥处，不直接放置在木桌、木板等易燃物品上，其周围应有一定的散热空间，不能放置易燃易爆化学品、气瓶、冰箱、杂物等，应使其远离配电箱、插座、接线板等设备[293]。

【误区提示】

（1）超期使用冰箱；冰箱门不能完全关闭，导致压缩机一直处于工作状态，安全隐患大。

（2）冰箱周围空间不足，堆放杂物。

（3）烘箱、电阻炉超期服役，且无审批资料。

（4）将加热设备直接放置在易燃物品上，其周围散热空间不足；在加热设备旁存有易燃易爆化学品、气瓶、冰箱、杂物等。

⚠ 警示案例

北京某高校一化学实验室冰箱起火事故

事故经过：

2016 年 1 月 10 日 11:35 许，北京某高校科技大厦 10 楼一化学实验室内的冰箱发生自燃，亚运村消防中队消防队员赶到现场后，实验室工作人员已将明火扑灭。起

火时室内无人,未造成人员伤亡。现场可见起火实验室里,冰箱已经焦黑变形,只剩一个框架,冰箱内存放的化学试剂被烧光,现场刺鼻气味强烈,许多破碎的玻璃实验仪器也都散落在地上。

事故原因:

据公安、消防部门调查,冰箱因电线短路而引发自燃。

安全警示:

存储化学试剂的冰箱必须是防爆冰箱,不得超过使用期限(一般规定为10年)。应将冰箱放置在通风良好处,在其周围不得堆放杂物,以保证其有一定的散热空间。

13.4.4 烘箱、电阻炉等加热设备须制定安全操作规程

【检查要点】

1. 张贴安全操作规程、警示标志

制定安全操作规程是确保实验人员安全操作的基础,在设备附近应张贴安全操作规程。安全警示标志具有警示安全、杜绝违规的作用,在加热设备周边的醒目位置应张贴高温警示标志。必要的防护措施是保障实验人员安全的前提,使用烘箱、电阻炉等加热设备时,应有高温隔离装置,实验人员应佩戴高温防护手套等[294]。

2. 不准烘烤易燃易爆试剂及易燃物品

易燃易爆试剂及易燃物品遇热易发生火灾、爆炸事故,不准在烘箱、电阻炉等加热设备内烘烤[295]。塑料筐等易燃容器遇高温易发生燃烧,引起火灾,不得使用塑料筐等易燃容器盛放实验物品在烘箱、电阻炉等加热设备内烘烤[296]。

3. 及时切断电源,待冷却后安全离开

烘箱使用多年后开关易失灵,烘箱使用完毕,应及时清理物品、切断电源,以确保安全。烘箱使用完毕,箱体内的温度仍然较高,如周围有易燃物品,则仍能引起火灾,因此,应打开烘箱门,确认其冷却至安全温度后方能离开[297]。

4. 有人在现场值守

烘箱、电阻炉属于高温危险设备,容易发生温控失灵,导致冒烟起火。长时间使用烘箱、电阻炉等加热设备时,应有人值守,或每隔10~15 min检查1次,或安装有实时监控设施、超温断电保护器。对使用中的烘箱、电阻炉要标识使用人的姓名,以便于了解其工作内容和使用状况。每次使用时若有登记,则也可视为标识了使用人[298]。使用加热设备时,对温度较高的实验须有人值守或有实时监控措施[299]。

【误区提示】

(1)未制定烘箱、电阻炉等加热设备的安全操作规程,无安全警示标志或张贴安全警示标志的位置不醒目;未设置高温隔离装置,或操作时未佩戴个体防护用具。

(2)将易燃易爆试剂及易燃物品在烘箱等加热设备内烘烤;使用塑料筐等易燃容器盛放实验物品在烘箱等加热设备内烘烤。

（3）对使用后的烘箱，未及时清理其内的物品和断电，未等其冷却后便离开。

（4）长时间使用烘箱、电阻炉等加热设备时无人值守；无实时监控设施、超温断电保护器；对使用中的烘箱、电阻炉未标识使用人的姓名和实验信息。

!警示案例

某高校化工学院学生实验时擅离职守引发大火

事故经过：

2009年11月11日上午，某高校化工学院化工系学生周某在实验室做实验时，将实验样品装入烧瓶并放入油浴锅内加热，后因中午吃饭，于11：40许擅自离开实验室。14：50许，同学韦某经过实验室时，发现房间内出现焦糊味，随即联系同学周某和物业保安人员，等找来实验室钥匙打开房门时，发现房间内火势已经蔓延。所幸通过物业保安人员和在场同学扑救，及时遏制了火情，未造成更大损失。

事故原因：

经消防部门现场查验，火灾起因系油浴锅通电加热后无人值守，油浴锅内油温过高引发其他可燃物质燃烧。火灾造成1台油浴锅、1台通风橱和部分电源损坏，室内其他设备均受到不同程度的影响，并需要维修检验。

安全警示：

学校应强化实验人员安全责任意识，严格执行实验操作规程。在开展实验的过程中，严禁实验人员擅自离开实验室，确需离开，则要安排其他人员值守。

13.4.5 使用明火电炉或者电吹风须有安全防范举措

【检查要点】

1. **明火电炉使用许可**

化学实验室往往保存有易燃易爆试剂，瓶盖未旋紧等可导致试剂挥发到空气中。当其浓度增大时，遇明火容易发生爆炸。涉及化学品的实验室不应使用明火电炉。如必须使用明火电炉，则须在有安全防护保障的前提下，向学校管理部门提出申请，办理许可证[300]。

2. **不可用明火电炉加热易燃易爆试剂**

用明火电炉加热易燃易爆试剂时，易发生燃烧事故。如易燃易爆试剂需要加热，则可用水浴等比较温和的方式进行[301]。

3. **及时拔掉电源插头**

明火电炉、电吹风、电热枪等基本无断电保护功能，使用完毕，应及时拔除电源插头。经常检查明火电炉、电吹风、电热枪的开关是否正常，如有故障，则应及时修理或更换[302]。

4. 自制红外灯烘箱的注意事项

红外灯是发热的,不能用纸质、木质等材料自制红外灯烘箱,以免发生燃烧事故。如果自制红外灯烘箱,则其箱体必须是不易燃的材料(如钢板、陶瓷等),其电源线与开关应符合规范要求[303]。

【误区提示】

(1)在化学类实验室内未取得许可而随意使用明火电炉。

(2)在化学类实验室内使用明火电炉直接加热易燃易爆试剂。

(3)使用明火电炉后,未及时拔除电源插头;发现故障后,未及时修理或更换。

(4)用纸质、木质等材料自制红外灯烘箱,未考虑到安全隐患;用钢板、陶瓷等自制红外灯烘箱时,所用的电源线与开关不符合要求,或未配开关。

第 13 章巩固练习

(杨全中　卢娇娇)

附录

高等学校实验室安全检查项目表（2024 年）[①]

序号	检查项目	检查要点	情况记录
1	责任体系		
1.1	学校层面安全责任体系		
1.1.1	实验室安全工作纳入学校决策研究事项	(1)有学校相关会议(校务会议、党委常委会会议等)纪要；内容包含实验室安全工作	
1.1.2	有校级实验室安全工作责任人与领导机构	(2)有校级正式发文,明确学校党政主要负责人是第一责任人；分管实验室安全工作的校领导是重要领导责任人,协助第一责任人负责实验室安全工作；其他校领导在分管工作范围内对实验室安全工作负有支持、监督和指导职责；设立校级领导机构,明确其部门组成和工作职责,分管实验室安全工作的校领导为该机构负责人	
1.1.3	有明确的实验室安全管理职能部门	(3)明确牵头职能部门负责实验室安全工作,相关职能部门切实配合落实工作	
1.1.4	学校与院系签订实验室安全责任书	(4)档案或信息系统里有现任学校领导与院系负责人签字盖章的安全责任书	
1.2	院系层面安全责任体系		
1.2.1	有院系实验室安全工作队伍	(5)院系安全工作队伍由党政负责人、分管实验室安全领导、院系实验室安全助理或安全主管、实验室负责人、实验室安全员等共同组成。 (6)有带文号的院系文件,如党政联席会/办公会等纪要、通知或制度等明确其内容	
1.2.2	院系签订实验室安全责任书	(7)院系签订责任书到实验房间安全责任人	

[①] 注：本书在引用该表时，对个别字词进行了修改，特此说明。

续表

序号	检查项目	检查要点	情况记录
1.3	实验室层面安全责任体系		
1.3.1	明确实验室层面各级责任人及其职责	(8)实验室负责人是本实验室安全工作的直接责任人,应严格落实实验室安全准入、隐患整改、个体防护等日常安全管理工作,切实保障实验室安全;项目负责人(含教学课程任课教师)是项目安全的第一责任人,须对项目进行危险源辨识和风险评估,并制定防范措施及现场处置方案;实验室负责人应指定安全员,负责本实验室日常安全管理	
1.3.2	实验室签订实验室安全责任书	(9)实验室负责人与相关实验人员签订实验室安全责任书	
1.4	安全工作奖惩机制		
1.4.1	奖惩机制落实到岗位或个人	(10)是否有明确的奖惩管理办法,以及实际执行情况	
1.4.2	依法依规进行事故调查和责任追究	(11)检查事故调查执行情况	
1.5	经费保障		
1.5.1	学校每年有实验室安全常规经费预算	(12)学校职能部门有预算审批凭据证明有专款用于实验室安全工作	
1.5.2	学校有专项经费投入实验室安全工作,重大安全隐患整改经费能够落实	(13)学校职能部门有支出凭据证明有专款用于实验室安全工作,尤其是用于重大安全隐患整改项目	
1.5.3	院系有自筹经费投入实验室安全建设与管理	(14)院系有支出凭据证明有专款用于实验室安全工作	
1.6	队伍建设		
1.6.1	学校根据需要配备专职或兼职的实验室安全管理人员	(15)有重要危险源,即有毒有害(剧毒、易制爆、易制毒、爆炸品等)化学品、危险(易燃、易爆、有毒、窒息、高压等)气体、动物及病原微生物、辐射源及射线装置、同位素及核材料、危险性机械加工装置、强电强磁与激光设备、特种设备等的高校应依据工作量,在校级管理机构配备足够的专职实验室安全管理人员。 (16)有重要危险源的院系应依据工作量配备专职实验室安全管理人员;文、管、艺术类、数学及信息等相关院系配备兼职实验室安全管理人员	

续表

序号	检查项目	检查要点	情况记录
1.6.2	有校级实验室安全检查队伍，可以由教师、实验技术人员组成，也可以利用有相关专业能力的社会力量	(17)有文件证明学校设立了检查队伍，并有工作记录	
1.6.3	各级主管实验室安全的负责人、管理人员及技术人员到岗1年内须接受实验室安全培训	(18)有培训记录(证书、电子文档、书面记录)等证明培训及合格情况	
1.7	其他		
1.7.1	采用信息化手段管理实验室安全	(19)学校建设信息管理等系统用于实验室安全管理	
1.7.2	建立实验室安全工作档案	(20)包括责任体系、队伍建设、安全制度、奖惩、教育培训、安全检查、隐患整改、事故调查与处理、专业安全、其他相关的常规或阶段性工作等，且档案分类科学合理，便于查找	
2	规章制度		
2.1	实验室安全管理制度		
2.1.1	学校和院系应有正式发文的实验室安全管理制度	(21)有正式发文的实验室安全管理制度，内容包括上位法依据、实验室范围、安全管理原则、组织架构、责任体系、奖惩、事故处理、责任与追究、安全文化等要素	
2.2	实验室安全管理办法或细则		
2.2.1	有正式发文的实验室安全管理办法或细则	(22)依据危险源情况制定实验室分级分类、准入管理、安全检查，以及各类安全等二级管理办法，文件应具有可操作性或实际管理效用，及时修订更新，并正式发文	
2.3	安全应急制度		
2.3.1	学校、院系、实验室有相应的应急预案	(23)学校、二级单位和实验室应建立应急预案和应急演练制度，定期开展应急知识学习、应急处置培训和应急演练，保障应急人员、物资、装备和经费，保证应急功能完备、人员到位、装备齐全、响应及时，保证实验防护用品与装备、应急物资的有效性	

> 附 录　高等学校实验室安全检查项目表（2024 年）

续表

序号	检查项目	检查要点	情况记录
3	教育培训		
3.1	安全教育培训活动		
3.1.1	开设实验室安全必修课或选修课	（24）对于有重要危险源（见第 15 目）的院系和专业，要开设有学分的安全教育必修课或将安全教育课程纳入必修环节；鼓励其他专业开设安全选修课	
3.1.2	开展安全教育培训活动	（25）校级层面有档案证明开展了实验室安全教育培训。 （26）院系层面有档案证明开展了实验室安全教育培训，重点关注外来人员和研究生新生	
3.1.3	开展结合学科特点的应急演练	（27）有实验室安全事故应急演练	
3.1.4	组织实验室安全知识考试	（28）建设有考试系统或考试题库并及时更新，从事实验工作的学生、教职工及外来人员均须参加考试，通过者发放合格证书或保留记录	
3.2	安全文化		
3.2.1	建设有学校特色的安全文化	（29）学校有网页设立专栏开展安全宣传。 （30）编印学校实验室安全手册，将实验室安全手册发放到每一位从事实验活动的师生。 （31）创新宣传教育形式，通过微信公众号、微博、工作简报、文化月、专项整治活动、安全评估、知识竞赛、微电影等方式，加强安全宣传	
3.2.2	建立实验室安全隐患举报制度	（32）建立实验室安全隐患举报制度，公布实验室安全隐患举报邮箱、电话、信箱等	
4	安全准入		
4.1	项目安全准入		
4.1.1	对项目进行实验室安全风险评估，保证实验室满足开展项目活动的安全条件	（33）项目负责人负责对实验项目进行危险源辨识、风险评估和控制，制定现场处置方案，指导有关人员做好安全防护	
4.2	人员安全准入		
4.2.1	实验人员须经过安全培训和考核，获得实验室安全准入资格	（34）实验人员应获得实验室准入资格，并严格遵守各项管理制度	

续表

序号	检查项目	检查要点	情况记录
4.3	安全风险分析		
4.3.1	对研究选题进行安全风险分析,做好防控和应急准备	(35)开展实验前应进行安全风险分析,并通过审核	
5	安全检查		
5.1	危险源辨识		
5.1.1	学校、院系、实验室层面建立危险源分布清单	(36)清单内容须包括单位、房间、类别、数量、分级分类、责任人等信息	
5.1.2	涉及危险源的实验场所,须有明确的警示标识	(37)涉及重要危险源(见第15目)的场所,有显著的警示标识	
5.1.3	建立针对重要危险源的风险管理和应急预案	(38)建立风险分级分类管控方案。实验室要根据存在的危险源及其存量进行风险评价,判定本实验室安全等级,并依据实验室中存在的主要危险源类别判定实验室安全类别;院系要审核确认所属实验室类别和风险等级,建立本单位实验室安全分级分类管理台账,提交学校实验室安全主管职能部门备案;学校要建立本校实验室安全分级分类管理台账,及时录入信息化管理系统或电子造册。分级分类管理台账要依据研究内容、危险源类型与数量等变化,或实验室建设项目调整而适时更新。高风险等级实验室,要按要求适时向相应的教育、公安(治安)、生态环境、卫生健康、农业农村、市场监督(质检)等主管部门报备并接受监督。 (39)院系和实验室应建立针对重要危险源的应急预案	
5.2	安全检查		
5.2.1	学校、院系层面安全检查及实验室自检自查	(40)学校层面检查每年不少于4次,院系层面每月不少于1次,实验室应经常检查。安全检查及整改都应保存记录	
5.2.2	针对高危实验物品及实验过程开展专项检查	(41)针对重要危险源(见第15目),开展定期专项检查	

附 录　高等学校实验室安全检查项目表(2024年)

续表

序号	检查项目	检查要点	情况记录
5.2.3	安全检查人员应配备专业的防护和计量用具	(42)安全检查人员要佩戴标识、配备照相器具。进入涉及危险化学品、生物、辐射等实验室要穿戴必要的防护装具；检查辐射场所要佩戴个人辐射剂量计；配备必要的测量、计量用具(手持式VOC检测仪、声级计、风速仪、电笔、万用表等)	
5.3	安全隐患整改		
5.3.1	检查中发现的问题应以正式形式通知到相关负责人	(43)通知的方式包括校网上公告、实验室安全简报、书面或电子的整改通知书等形式	
5.3.2	院系须及时组织隐患整改	(44)整改报告应在规定时间内提交学校管理部门。 (45)如存在重大隐患,实验室应立即停止实验活动,整改完成或采取相应防护措施后方能恢复实验	
5.4	安全报告		
5.4.1	学校有定期/不定期的安全检查通报；院系有安全检查及整改记录	(46)存有相关资料或电子文档	
6	实验场所		
6.1	场所环境		
6.1.1	实验场所应张贴安全信息牌	(47)每个房间门口挂有安全信息牌,信息包括:实验室分级分类结果、安全风险点的警示标识、安全责任人、涉及危险类别、防护措施和有效的应急联系电话等,并及时更新	
6.1.2	实验场所应具备合理的安全空间布局	(48)超过200 m²的实验楼层具有至少两处安全出口,75 m²以上实验室要有两个出入口。 (49)实验楼大走廊保证留有大于1.5 m净宽的消防通道。 (50)实验室操作区层高不低于2 m。 (51)理工农医类实验室内多人同时进行实验时,人均操作面积不小于2.5 m²	
6.1.3	实验室消防通道通畅,公共场所不堆放仪器和物品	(52)保持消防通道通畅	

续表

序号	检查项目	检查要点	情况记录
6.1.4	实验室建设和装修应符合消防安全要求	(53)实验操作台应选用合格的防火、耐腐蚀材料。 (54)仪器设备安装符合建筑物承重荷载要求。 (55)有可燃气体的实验室不设吊顶。 (56)不用的配电箱、插座、水管水龙头、网线、气体管路等,应及时拆除或封闭。 (57)实验室门上有观察窗,外开门不阻挡逃生路径	
6.1.5	实验室所有房间均须配有应急备用钥匙	(58)应急备用钥匙须集中存放、统一管理,应急时方便取用	
6.1.6	实验设备须做好振动减振、电磁屏蔽和降噪	(59)容易产生振动的设备,须考虑采取合理的减振措施。 (60)易对外产生磁场或易受磁场干扰的设备,须做好磁屏蔽。 (61)实验室噪声一般不高于55分贝(机械设备不高于70分贝)	
6.1.7	实验室水、电、气管线布局合理,安装施工规范	(62)采用管道供气的实验室,输气管道及阀门无漏气现象,并有明确标识。供气管道有名称和气体流向标识,无破损。 (63)高温、明火设备放置位置与气体管道有安全间隔距离。 (64)实验室改造工程应经过审批后实施	
6.2	卫生与日常管理		
6.2.1	实验室分区应相对独立、布局合理	(65)有毒有害实验区与学习区明确分开,合理布局,重点关注化学、生物、辐射、激光等类别实验室。如部分区域分区不明显,现场查看有毒有害物质的管理须对工作环境无健康危害	
6.2.2	实验室环境应整洁卫生有序	(66)实验室物品摆放有序,卫生状况良好,实验完毕物品归位,无废弃物品、不放无关物品。 (67)不在实验室睡觉,不存放和烧煮食物、饮食,禁止吸烟,不使用可燃性蚊香	
6.2.3	实验室有卫生安全制度	(68)实验期间有记录	
6.3	场所其他安全		

附　录　高等学校实验室安全检查项目表(2024 年)

续表

序号	检查项目	检查要点	情况记录
6.3.1	每间实验室均有编号并登记造册	(69)现场查看门牌,查阅档案	
6.3.2	危险性实验室应配备急救物品	(70)配备的药箱不得上锁,并定期检查药品是否在保质期内	
6.3.3	对停用的实验室有安全防范措施和明显标识	(71)查看现场	
7	安全设施		
7.1	消防设施		
7.1.1	实验室应配备合适的灭火设备,并定期开展使用训练	(72)烟感报警器、灭火器、灭火毯、消防砂、消防喷淋等,应正常有效、方便取用。 (73)灭火器种类配置正确,且在有效期内(压力指针位置正常等),保险销正常,瓶身无破损、腐蚀	
7.1.2	紧急逃生疏散路线通畅	(74)在显著位置张贴有紧急逃生疏散路线图,疏散路线图的逃生路线应有二条(含)以上,路线与现场情况符合。 (75)主要逃生路径(室内、楼梯、通道和出口处)有足够的紧急照明灯,功能正常,并设置有效标识指示逃生方向。 (76)人员应熟悉紧急疏散路线及火场逃生注意事项(现场调查人员熟悉程度)	
7.2	应急喷淋与洗眼装置		
7.2.1	存在燃烧、腐蚀等风险的实验区域,须配置应急喷淋与洗眼装置	(77)应急喷淋与洗眼装置的区域有显著标志	
7.2.2	应急喷淋与洗眼装置安装合理,并能正常使用	(78)应急喷淋安装地点与工作区域之间畅通,距离不超过 30 m。应急喷淋安装位置合适,拉杆位置合适、方向正确。应急喷淋装置水管总阀为常开状态,喷淋头下方 410 mm 范围内无障碍物。 (79)不能以普通淋浴装置代替应急喷淋装置。 (80)洗眼装置接入生活用水管道,应至少以 1.5 L/min 的流量供水,水压适中,水流畅通平稳	
7.2.3	定期对应急喷淋与洗眼装置进行维护	(81)经常对应急喷淋与洗眼装置进行维护,无锈水、脏水,有检查记录	
7.3	通风系统		

续表

序号	检查项目	检查要点	情况记录
7.3.1	有需要的实验场所应配备符合设计规范的通风系统	(82)管道风机须防腐,使用可燃气体场所宜采用防爆风机。 (83)实验室通风系统运行正常,柜口面风速 0.35～0.75 m/s,定期进行维护、检修。 (84)屋顶风机固定无松动、无异常噪声	
7.3.2	通风柜配置合理、使用正常、操作合规	(85)实验室排出的有害物质浓度超过国家现行标准规定的允许排放标准时,须采取净化措施,做到达标排放。 (86)任何可能产生有毒有害气体而导致个人曝露,或产生可燃、可爆炸气体或蒸气而导致积聚的实验,都须在通风柜内进行。 (87)进行实验时,通风柜可调玻璃视窗开至离台面 10～15 cm,保持通风效果,并保护操作人员胸部以上部位。实验人员在通风柜进行实验时,避免将头伸入调节门内。不可将一次性手套或较轻的塑料袋等留在通风柜内,以免堵塞排风口。通风柜内放置的物品应距离调节门内侧 15 cm 以上,以免掉落。不得将通风柜作为化学试剂存放场所。玻璃视窗材料应是钢化玻璃	
7.4	门禁监控		
7.4.1	重点场所须安装门禁和监控设施并有专人管理	(88)关注重点场所,如剧毒品、病原微生物、放射源存放点、核材料等危险源的管理	
7.4.2	门禁和监控系统运转正常、与实验室准入制度相匹配	(89)监控不留死角,图像清晰,人员出入记录可查,视频记录存储时间不少于 30 d。 (90)停电时,电子门禁系统应是开启状态或者有备用机械钥匙	
7.5	实验室防爆		
7.5.1	有防爆需求的实验室须符合防爆设计要求	(91)安装有防爆开关、防爆灯等,安装必要的气体报警系统、监控系统、应急系统等。 (92)可燃气体管道,应科学选用和安装阻火器。 (93)采取有效措施,避免或减少出现危险爆炸性环境,避免出现任何潜在的有效点燃源	
7.5.2	应妥善防护具有爆炸危险性的仪器设备	(94)使用适合的安全罩防护	

> 附 录　高等学校实验室安全检查项目表(2024 年)

续表

序号	检查项目	检查要点	情况记录
8	基础安全		
8.1	用电、用水基础安全		
8.1.1	实验室用电安全应符合国家标准(导则)和行业标准	(95)实验室配电容量、插头插座与用电设备功率须匹配,不得私自改装。 (96)电源插座须有效固定。 (97)电气设备应配备空气开关和漏电保护器。 (98)不私自乱拉、乱接电线、电缆,禁止多个接线板串接供电,接线板不宜直接置于地面。 (99)禁止使用老化的线缆、花线、木质配电板、有破损的接线板,电线接头绝缘可靠,无裸露连接线,穿越通道的线缆应有盖板或护套,不使用老国标接线板、插座。 (100)大功率仪器(包括空调等)使用专用插座。 (101)电器长期不用时,应切断电源。 (102)配电箱前不应有物品遮挡并便于操作,周围不应放置烘箱、电炉、易燃易爆气瓶、易燃易爆化学试剂、废液桶等;配电箱的金属箱体应与箱内保护零线或保护地线可靠连接	
8.1.2	给水、排水系统布置合理,运行正常	(103)水槽、地漏及下水道畅通,水龙头、上下水管无破损。 (104)各类连接管无老化破损(特别是冷却冷凝系统的橡胶管接口处)。 (105)各楼层及实验室的各级水管总阀须有明显的标识	
8.2	个体防护		
8.2.1	实验人员须配备合适的个体防护用品	(106)进入实验室人员须穿着质地合适的实验服或防护服。 (107)按需要佩戴防护眼镜、防护手套、安全帽、防护帽、呼吸器或面罩(呼吸器或面罩在有效期内,不用时须密封放置)等。 (108)进行化学、生物安全和高温实验时,谨慎佩戴隐形眼镜。 (109)操作机床等旋转设备时,不得穿戴长围巾、丝巾、领带等,长发须盘在工作帽内。 (110)穿着化学、生物类实验服或戴实验手套时,不得随意进入非实验区	

续表

序号	检查项目	检查要点	情况记录
8.2.2	个体防护用品合理存放,存放地点有明显标识	(111)在紧急情况须使用的个体防护器具应分散存放在安全场所,以便于取用	
8.2.3	各类个体防护用品的使用有培训及定期检查维护记录	(112)检查培训及维护记录	
8.3	其他		
8.3.1	危险性实验(如高温、高压、高速运转等)时必须有两人在场	(113)实验时不能脱岗,通宵实验须两人在场并有事先审批制度	
8.3.2	实验台面整洁、实验记录规范	(114)查看实验台面和实验记录	
9	化学安全		
9.1	危险化学品储存区		
9.1.1	学校建有危险化学品储存区并规范管理	(115)危险化学品储存区须有通风、隔热、避光、防盗、防爆、防静电、泄漏报警、应急喷淋、安全警示标识等措施,符合相关规定,专人管理。 (116)危险化学品储存区的消防设施符合国家相关规定,正确配备灭火器材(如灭火器、灭火毯、砂箱、自动喷淋等)。 (117)危险化学品储存区不能建设在地下或半地下,不得建设在实验楼内。若只能在实验楼内存放,则应按照实验室的标准要求(见"9.3 实验室化学品的存放")。 (118)危险化学品储存区的试剂不混放,整箱试剂的叠加高度不大于 1.5 m	
9.2	危险化学品购置		
9.2.1	危险化学品采购须符合要求	(119)危险化学品须向具有生产经营许可资质的单位进行购买,查看相关供应商的经营许可资质证书复印件。进口危险化学品应当向国务院安全生产监督管理部门负责危险化学品登记的机构办理危险化学品登记	

续表

序号	检查项目	检查要点	情况记录
9.2.2	剧毒品、易制爆品、易制毒品、爆炸品的购买程序合规	(120)购买前须经学校审批,报公安部门批准或备案后,向具有经营许可资质的单位购买,并保留报批及审批记录。 (121)建立购买、验收、使用等台账资料。 (122)不得私自从外单位获取管制类化学品,也不得给外单位或个人提供管制类化学品	
9.2.3	麻醉药品、精神药品等购买前须向食品药品监督管理部门申请	(123)报批同意后向定点供应商或者定点生产企业采购	
9.2.4	校内危险化学品运输安全	(124)现场抽查,校园内的运输车辆、运送人员、送货方式等符合相关规范	
9.3	实验室化学品存放		
9.3.1	实验室内危险化学品建有动态台账	(125)建立实验室危险化学品动态台账,并有危险化学品安全技术说明书(MSDS)或安全周知卡,方便查阅。 (126)定期清理废旧试剂,无累积现象	
9.3.2	化学品有专用存放空间并科学有序存放	(127)储藏室、储藏区、储存柜等应通风、隔热、避免阳光直射。 (128)易泄漏、易挥发的试剂存放设备与地点应保证充足的通风。 (129)试剂柜中不能有电源插座或接线板。 (130)化学品有序分类存放,固体、液体不混乱放置,互为禁忌的化学品不得混放,试剂不得叠放。有机溶剂储存区应远离热源和火源。装有试剂的试剂瓶不得开口放置。实验台架无挡板不得存放化学试剂。 (131)配备必要的二次泄漏防护、吸附或防溢流功能	
9.3.3	实验室内存放的危险化学品总量符合规定要求	(132)危险化学品(不含压缩气体和液化气体)原则上不应超过 100 L 或 100 kg,其中易燃易爆性化学品的存放总量不应超过 50 L 或 50 kg,且单一包装容器不应大于 20 L 或 20 kg(按 50 m^2 为标准,存放量按实验室面积比考量)。 (133)常年大量使用易燃易爆溶剂或气体须加装泄漏报警器;储存部位应加装常时排风或与检测报警联动排风装置	

续表

序号	检查项目	检查要点	情况记录
9.3.4	化学品标签应显著、完整、清晰	(134)化学品包装物上须有符合规定的化学品标签。 (135)当化学品由原包装物转移或分装到其他包装物内时,转移或分装后的包装物应及时重新粘贴标识。化学品标签脱落、模糊、腐蚀后应及时补上,如不能确认,则按不明废弃化学品处置	
9.3.5	其他化学品存放	(136)装有配制试剂、合成品、样品等的容器上标签信息明确,标签信息包括名称或编号、使用人、日期等。 (137)无使用饮料瓶存放试剂、样品的现象,如确需使用,必须撕去原包装纸,贴上试剂标签。 (138)不使用破损量筒、试管、移液管等玻璃器皿	
9.4	实验操作安全		
9.4.1	制定危险实验、危险化工工艺指导书、各类标准操作规程(SOP)指导书、应急预案	(139)危险化工工艺指导书和应急预案上墙或便于取阅,实验人员熟悉所涉及的危险性及应急处理措施,按照危险化工工艺指导书进行实验	
9.4.2	危险化工工艺和装置应设置自动控制和电源冗余设计	(140)涉及危险化工工艺、重点监管危险化学品的反应装置应设置自动化控制系统。 (141)涉及放热反应的危险化工工艺生产装置应设置双重电源供电或控制系统应配置不间断电源	
9.4.3	做好有毒有害废气的处理和防护	(142)对于产生有毒有害废气的实验,须在通风柜中进行,并在实验装置尾端配有气体吸收装置,实验人员应佩戴合适有效的呼吸防护用具	
9.5	管制类化学品管理		
9.5.1	剧毒化学品执行"五双"管理(即双人验收、双人保管、双人发货、双把锁、双本账),技防措施符合管制要求	(143)单独存放,不得与易燃、易爆、腐蚀性物品等一起存放。 (144)有专人管理并做好贮存、领取、发放情况登记,登记资料至少保存1年。 (145)防盗安全门应符合GB 17565《防盗安全门通用技术条件》的要求,防盗安全级别为乙级(含)以上,防盗锁应符合GA/T 73《机械防盗锁》的要求,防盗保险柜应符合GB 10409《防盗保险柜》的要求,监控管控执行公安部门的要求	

续表

序号	检查项目	检查要点	情况记录
9.5.2	易制毒化学品储存规范,台账清晰	(146)应设置专用存储区或者专柜储存并有防盗措施。 (147)第一类易制毒化学品、药品类易制毒化学品实行双人双锁管理,账册保存期限不少于2年	
9.5.3	易制爆化学品存量合规、双人双锁保管	(148)易制爆化学品存量合规。 (149)存放场所出入口应设置防盗安全门,或存放在专用储存柜内,储存场所防盗安全级别应为乙级(含)以上,专用储存柜应具有防盗功能,符合双人双锁管理要求,台账账册保存期限不少于1年	
9.5.4	麻醉药品和第一类精神药品管理符合"双人双锁"要求,有专用账册	(150)设立专库或者专柜储存,专库应当设有防盗设施并安装报警装置,专柜应当使用保险柜,专库和专柜应当实行双人双锁管理。 (151)配备专人管理并建立专用账册,专用账册的保存期限应当自药品有效期期满之日起不少于5年	
9.5.5	爆炸品单独隔离、限量存储,使用、销毁按照公安部门的要求执行	(152)收存和发放民用爆炸物品必须进行登记,做到账目清楚,账物相符	
9.6	实验气体管理		
9.6.1	从合格供应商处采购实验气体,建立气体(气瓶)台账	(153)查看记录	
9.6.2	气体(气瓶)的存放和使用符合相关要求	(154)气体(气瓶)存放点须通风、远离热源、避免暴晒,地面平整干燥。 (155)气瓶应合理固定。 (156)危险气体气瓶尽量置于室外,室内放置应使用常时排风且带监测报警装置的气瓶柜。 (157)气瓶的存放应控制在最小需求量。 (158)涉及有毒、可燃气体的场所,配有通风设施和相应的气体监测和报警装置等,张贴必要的安全警示标志。 (159)可燃性气体与氧气等助燃气体气瓶不得混放。	

续表

序号	检查项目	检查要点	情况记录
		(160)独立的气体气瓶室应通风、不混放、有监控,有专人管理和记录。 (161)有供应商提供的气瓶定期检验合格标识,无超过检验有效期的气瓶、无超过设计年限的气瓶。 (162)气瓶颜色符合 GB/T 7144《气瓶颜色标志》的规定,确认"满、使用中、空瓶"三种状态。 (163)使用完毕,应及时关闭气瓶总阀。 (164)气瓶附件齐全	
9.6.3	在较小密封空间使用可引起窒息的气体,须安装氧含量监测报警装置	(165)在存有大量无毒窒息性压缩气体或液化气体(液氮、液氩)的较小密闭空间,为防止大量泄漏或蒸发导致缺氧,须安装氧含量监测报警装置。例如,实验室存放 1 瓶常见规格 40 L 公称体积、15 MPa 公称压力的窒息性气体气瓶,实验室层高 2.8 m 时的临界面积为 28 m^2,层高 2.6 m 时的临界面积为 30 m^2;实验室存放 10 L 体积液氮(液态密度 0.808 g·mL^{-1}),实验室层高 2.8 m 时的临界面积为 30 m^2,层高 2.6 m 时的临界面积为 35 m^2	
9.6.4	气体管路和气瓶连接正确、有清晰的标识	(166)管路材质选择合适,无破损或老化现象,定期进行气密性检查;存在多条气体管路的房间须张贴详细的管路图,管路标识正确	
9.7	实验室化学废弃物的收集、分类和转运		
9.7.1	实验室应设立化学废弃物暂存区	(167)暂存区应远离火源、热源和不相容物质,避免日晒、雨淋,存放两种以上不相容的实验室危险废物时,应分不同区域。 (168)暂存区应有警示标志并有防溢洒、防渗漏设施或措施	
9.7.2	实验室内须规范收集化学废弃物	(169)危险废物应按化学特性和危险特性,进行分类收集和暂存。 (170)废弃的化学试剂应存放在原试剂瓶中,保留原标签,且瓶口朝上放入专用固废箱中。 (171)针头等利器须放入利器盒中收集。 (172)废液应分类装入专用废液桶中,液面不超过容量的3/4。废液桶须满足耐腐蚀、抗溶剂、耐挤压、抗冲击的要求。	

续表

序号	检查项目	检查要点	情况记录
		(173)实验室危险废物收集容器上应粘贴危险废物信息标签、警示标识。 (174)严禁将实验室危险废物直接排入下水道,严禁与生活垃圾、感染性废物或放射性废物等混装	
9.7.3	学校应建设化学废弃物贮存站并规范管理	(175)贮存设施、场所应当按照规定设置危险废物识别标志,存储装置符合 GB/T 41962《实验室废弃物存储装置技术规范》的要求,易燃废弃物室外存储装置的单套内部面积不大于 30 m^2、高应不大于 3 m(尺寸误差应不大于10%),并在通风口处设置防火阀,公称动作温度为 70 ℃。 (176)贮存站应有具体的管理办法并将贮存站安全运行、实验室危险废物出站转运等日常管理工作落实到相关人员的岗位职责中。 (177)制定意外事故的防范措施和应急预案,并向所在地生态环境主管部门备案	
9.7.4	化学废弃物的转运须合规	(178)委托有危险废物处置资质的专业厂家集中处置化学废弃物,并查看协议。 (179)建立危险废物管理台账,如实记录有关信息,包括种类、产生量、流向、贮存、处置等有关资料。 (180)校外转运之前,贮存站必须妥善管理实验室危险废物,采取有效措施,防止废物的扬散、流失、渗漏或造成其他环境污染。 (181)转运人员应使用专用运输工具,运输前根据运输废物的危险特性,应携带必要的应急物资和个体防护用具,如收集工具、手套、口罩等。 (182)实验室危险废物的校外转运必须按照国家有关规定填写危险废物电子或者纸质转移联单,任何单位和个人未经许可不得非法转运	
10	生物安全		
10.1	实验室生物安全等级		
10.1.1	开展病原微生物实验研究的实验室,须具备相应的安全等级资质	(183)BSL-3/ABSL-3、BSL-4/ABSL-4 实验室须经政府部门批准建设,BSL-1/ABSL-1、BSL-2/ABSL-2 实验室由学校建设后报卫生或农业部门备案	

续表

序号	检查项目	检查要点	情况记录
10.1.2	在相应等级的实验室开展涉及致病性生物因子的实验活动	(184)以国家法律、法规、标准、规范,以及权威机构发布的指南、数据等为依据,对涉及的致病性生物因子进行风险评估,选择对应的实验室安全级别进行致病性病原微生物研究,重点关注:开展未经灭活的高致病性病原微生物(列入一类、二类)相关实验和研究,必须在 BSL-3/ABSL-3、BSL-4/ABSL-4 实验室中进行;开展低致病性病原微生物(列入三类、四类),或经灭活的高致病性感染性材料的相关实验和研究,必须在 BSL-1/ABSL-1、BSL-2/ABSL-2 或以上等级实验室中进行	
10.2	场所与设施		
10.2.1	实验室安全防范设施达到相应生物安全实验室要求,各区域分布合理、气压正常	(185)实验室须设门禁管理和准入制度,储存病原微生物的场所或储柜配备防盗设施,BSL-3/ABSL-3 及以上安全等级实验室须安装监控报警装置	
10.2.2	配有符合相应要求的生物安全设施	(186)BSL-2 以上安全等级实验室须配有 II 级生物安全柜,ABSL-2 适用时配备,并定期进行检测,B 型生物安全柜须有正常通风系统。 (187)病原微生物实验室应有可靠和充足的电力供应,配备适用的消防器材、洗眼装置和必要的应急喷淋。 (188)已设传递窗的实验室要保证传递窗功能正常,内部不存放物品;室外排风口应有防风、防雨、防鼠、防虫设计,但不影响气体向上空排放。相关实验室采取有效措施防止昆虫、啮齿动物进入或逃逸,如安装防虫纱窗、挡鼠板等。 (189)生物安全实验室配有压力蒸汽灭菌器,按规定要求监测灭菌效果	
10.2.3	场所消毒要保证人员安全	(190)使用紫外灯的生物安全实验室应设安全警示标志,尤其要对紫外灯开关张贴警示标志。 (191)使用紫外灯的生物安全实验室在消毒过程中禁止人员进入。采用紫外加臭氧方式消毒应在消毒时间结束后有一定的排风时间,臭氧消散后人员方可进入	

续表

序号	检查项目	检查要点	情况记录
10.3	病原微生物的获取与保管		
10.3.1	使用高致病性病原微生物菌(毒)种,须办理相应申请和报批手续	(192)从正规渠道获取病原微生物菌(毒)株,学校应有审批流程。 (193)转移和运输高致病病原微生物须按规定报卫生和农业主管部门批准,并按相应的运输包装要求包装后转移和运输	
10.3.2	高致病性病原微生物菌(毒)种应妥善保存和严格管理	(194)病原微生物菌(毒)种保存在带锁的冰箱或柜子中,高致病性病原微生物实行双人双锁管理。有病原微生物菌(毒)种保存、实验使用、销毁的记录	
10.4	人员管理		
10.4.1	开展病原微生物相关实验和研究的人员经过专业培训	(195)人员经考核合格,并取得证书	
10.4.2	为从事高致病性病原微生物的实验人员提供适宜的医学评估	(196)实施监测和治疗方案,并妥善保存相应的医学记录。有上岗前体检和离岗体检,长期工作有定期体检	
10.4.3	制定相应的人员准入制度	(197)外来人员进入生物安全实验室须经负责人批准,并有相关的教育培训、安全防控措施。出现感冒发热等症状时,不得进行病原微生物实验	
10.5	操作与管理		
10.5.1	制定并采用生物安全手册,有相关标准操作规范	(198)有从事病原微生物相关实验活动的标准操作规范	
10.5.2	开展相关实验活动的风险评估和制定相应的应急预案	(199)开展病原微生物的相关实验活动应有风险评估和应急预案,包括病原微生物及感染材料溢洒和意外事故的书面处置程序	
10.5.3	实验操作合规,安全防护措施合理	(200)在合适的生物安全柜中进行实验操作;不得在超净工作台中进行病原微生物实验。 (201)安全操作高速离心机,小心防止离心管破损或盖子破裂造成溢洒或气溶胶扩散。 (202)有合适的个体防护措施,禁止戴防护手套操作相关实验以外的设施设备	
10.6	实验动物安全		

续表

序号	检查项目	检查要点	情况记录
10.6.1	实验动物的购买、饲养、解剖等须符合相关规定	(203)饲养实验动物的场所应有资质证书,实验动物须从具有资质的单位购买,有合格证明,用于解剖的实验动物须经过检验检疫合格。 (204)解剖实验动物时,必须做好个体安全防护。 (205)定期组织健康检查	
10.6.2	动物实验按相关规定进行伦理审查,保障动物权益	(206)学校有伦理审查机构,查看伦理审查记录	
10.7	生物实验废物处置		
10.7.1	生物废弃物的中转和处置规范	(207)学校与有资质的单位签约处置感染性废物,有交接记录,形成电子或者纸质台账。 (208)学校有生物废弃物中转站或收集点,生物废弃物及时收集转运	
10.7.2	生物废弃物与其他类别废物分开,并且做好防护和消杀	(209)应将生物废弃物与化学废弃物、生活垃圾等分开贮存。 (210)实验室内配备生物废弃物垃圾桶(内置生物废弃物专用塑料袋),并粘贴专用标签、标识。 (211)刀片、移液枪头等尖锐物应使用利器盒或耐扎纸板箱盛放,送储时再装入生物废弃物专用塑料袋,贴好标签。 (212)动物实验结束后,动物尸体及组织应做无害化处理,废物彻底灭菌后方可处置。 (213)涉及病原微生物或其他细菌类的生物废弃物必须进行高温高压灭菌或化学浸泡处理,然后由有资质的公司进行最终处置。 (214)高致病性生物材料废物处置实现溯源追踪	
11	辐射安全与核材料管制		
11.1	资质与人员要求		
11.1.1	辐射工作单位须取得辐射安全许可证	(215)按规定在放射性核素种类和用量以及射线种类许可范围内开展实验。除已被豁免管理外,射线装置、放射源或者非密封放射性物质应纳入许可证范畴	
11.1.2	辐射工作人员须经过专门培训,定期参加职业体检	(216)辐射工作人员具有辐射安全与防护培训合格证书,或者生态环境部辐射安全与防护考核通过成绩报告单。	

续表

序号	检查项目	检查要点	情况记录
		(217)辐射工作人员按时参加放射性职业体检(2年1次),有健康档案。 (218)辐射工作人员进入实验场所须佩戴个人剂量计,剂量计委托有资质的单位按时进行剂量监测(3个月1次)	
11.1.3	核材料许可证持有单位须建立专职机构或指定专人负责保管核材料,执行国家法律法规要求,有账目与报告制度,保证账物相符	(219)持有核材料数量达到法定要求的单位须取得核材料许可证,有负责机构或指定专人负责核材料管制工作,核材料衡算和核安保工作执行国家法律法规要求	
11.2	场所设施与采购运输		
11.2.1	辐射设施和场所应设有警示、联锁和报警装置	(220)放射源储存库应设双人双锁,并有安全报警系统和视频监控系统。 (221)辐照设施设备和射线装置具有能正常工作的安全联锁装置和报警装置,有明显的安全警示标识、警戒线和剂量报警仪	
11.2.2	辐射实验场所每年有合格的实验场所检测报告	(222)查看场所辐射环境检测报告	
11.2.3	放射性物质的转让、转移和运输应按规定报批	(223)放射源和放射性物质转让、转移有学校及生态环境部门的审批备案材料,转让、转移前必须先做环境影响评价工作。 (224)放射性物质的转移和运输有学校及公安部门的审批备案材料。 (225)放射性物质以及射线装置储存和使用场所变更应重新开展环境影响评价	
11.3	放射性实验安全及废物处置		
11.3.1	各类放射性装置有符合国家相关规定的操作规程、安保方案及应急预案,并遵照执行	(226)重点关注 γ 辐照、电子加速器、射线探伤仪、非密封放射性实验操作、Ⅴ类以上的密封性放射性实验操作。 (227)查看辐射事故应急预案及应急演练记录(每年不少于1次演练)	

续表

序号	检查项目	检查要点	情况记录
11.3.2	放射源及设备报废时有符合国家相关规定的处置方案或回收协议	(228)中、长半衰期核素固体、液体废物有符合国家相关规定的处置方案或回收协议,短半衰期核素固体、液体废弃物放置10个半衰期经检测达标并经审管部门的批准可以作为普通废物处理,并有处置记录。 (229)报废含有放射源或可产生放射性的设备,须报学校管理部门同意,并按国家规定进行退役处置。X光管报废时应破坏高压设备,拍照留存。 (230)涉源实验场所退役,须按国家相关规定执行	
11.3.3	放射性废物(源)应严加管理,不得作为普通废物处理,不得擅自处置	(231)相关实验室应当配置专门的放射性废物收集桶;放射性废液送贮前应进行固化整备。 (232)放射性废物应及时送交有资质的放射性废物集中贮存单位贮存。 (233)排放气态或液态放射性流出物应严格按照环评和地方生态环境部门批准的排放量和排放方式执行	
12	机电等安全		
12.1	仪器设备常规管理		
12.1.1	建立设备台账,设备上有资产标签,有明确的管理人员	(234)查看电子或纸质台账	
12.1.2	大型、特种设备的使用须符合相关规定	(235)大型仪器设备、高功率的设备与电路容量相匹配,有设备运行维护的记录,有安全操作规程或注意事项	
12.1.3	仪器设备的接地和用电符合相关要求	(236)仪器设备接地系统应按规范要求,采用铜质材料,接地电阻不高于0.5 Ω。 (237)电脑、空调、电加热器等不随意开机过夜。对于不能断电的特殊仪器设备,采取必要的防护措施(如双路供电、不间断电源、监控报警等)	

附录 高等学校实验室安全检查项目表(2024年)

续表

序号	检查项目	检查要点	情况记录
12.1.4	特殊设备应配备相应的安全防护措施	(238)关注高温、高压、高速运动、电磁辐射等特殊设备,对使用者有培训要求,有安全警示标识和安全警示线(黄色),设备安全防护措施完好。 (239)非标准设备、自制设备应经安全论证合格后方可使用,并须充分考虑安全系数,并有安全防护措施	
12.2	机械安全		
12.2.1	机械设备应保持清洁整齐,可靠接地	(240)机床应保持清洁整齐,严禁在床头、床面、刀架上放置物品。 (241)机械设备可靠接地,实验结束后,应切断电源,整理好场地并将实验用具等摆放整齐,及时清理机械设备产生的废渣、废屑	
12.2.2	操作机械设备时实验人员应做好个体防护	(242)个体防护用品要穿戴齐全,如工作服、工作帽、工作鞋、防护眼镜等。操作冷加工设备时必须穿"三紧式"工作服,不能留长发(长发要盘在工作帽内),禁止戴手套。 (243)进入高速切削机械操作工作场所,应穿好工作服、工作鞋,戴好防护眼镜、扣紧衣袖口、戴好工作帽(长发学生必须将长发盘在工作帽内),禁止戴手套、长围巾、领带、手镯等配饰物,禁穿拖鞋、高跟鞋等。设备运转时严禁用手调整工件	
12.2.3	铸锻及热处理实验应满足场地和防护要求	(244)铸造实验场地宽敞、通道畅通,使用设备前,实验人员要按要求穿戴好防护用品。 (245)盐浴炉加热零件必须预先烘干,并用铁丝绑牢,缓慢放入炉中,以防盐液炸崩烫伤。 (246)淬火油槽不得有水,油量不能过少,以免发生火灾。 (247)与铁水接触的一切工具,使用前必须加热,严禁将冷的工具伸入铁水内,以免引起爆炸。 (248)锻压设备不得空打或大力敲打过薄锻件,锻造时锻件应达到850 ℃以上,锻锤空置时应垫有木块	

· 163 ·

续表

序号	检查项目	检查要点	情况记录
12.2.4	高处作业应符合相关操作规程	(249)在坠落高度基准面 2 m 及以上有可能坠落的高处进行作业,须穿防滑鞋、佩戴安全帽、使用安全带。 (250)临边作业须在临空一侧设置防护栏杆,有相关安全操作规程	
12.3	电气安全		
12.3.1	电气设备的使用应符合用电安全规范	(251)各种电器设备及电线应始终保持干燥,防止浸湿,以防短路引起火灾或烧坏电气设备。 (252)实验室内的功能间墙面都应设有专用接地母排,并设有多点接地引出端。 (253)高压、大电流等强电实验室要设定安全距离,按规定设置安全警示牌、安全信号灯、联动式警铃、门锁,有安全隔离装置或屏蔽遮栏(由金属制成,并可靠接地,高度不低于 2 m)。 (254)控制室(控制台)应铺橡胶、绝缘垫等。 (255)强电实验室禁止存放易燃、易爆、易腐品,保持通风散热。 (256)应为设备配备残余电流泄放专用的接地系统。 (257)禁止在有可燃气体泄漏隐患的环境中使用电动工具;电烙铁有专门的搁架,用毕立即切断电源。 (258)强磁设备应配备与大地相连的金属屏蔽网	
12.3.2	操作电气设备应配备合适的防护器具	(259)强电类高电压实验必须两人(含)以上,操作时应戴绝缘手套;防护器具按规定进行周期试验或定期更换;静电场所要保持空气湿润,工作人员要穿戴防静电服、手套和鞋靴	
12.4	激光安全		
12.4.1	激光实验室配有完备的安全屏蔽设施	(260)功率较大的激光器有互锁装置、防护罩,激光照射方向不会对他人造成伤害,防止激光发射口及反射镜上扬	
12.4.2	进行激光实验时须佩戴合适的个体防护用具	(261)操作人员佩戴防护眼镜等防护用品、不戴手表等能反光的物品,禁止直视激光束和它的反向光束,禁止对激光器件做任何目视准直操作,禁止用眼睛检查激光器故障,检查激光器必须在断电情况下进行	

续表

序号	检查项目	检查要点	情况记录
12.4.3	警告标识	（262）所有激光区域内张贴警告标识	
12.5	粉尘安全		
12.5.1	粉尘爆炸危险场所，应选用防爆型电气设备	（263）防爆灯、防爆电气开关的导线敷设应选用镀锌管，必须达到整体防爆要求。 （264）粉尘加工要有除尘装置，除尘器符合防静电安全要求，除尘设施应有阻爆、隔爆、泄爆装置，使用工具具有防爆功能或不产生火花	
12.5.2	进入产生粉尘的实验场所，须穿戴合适的个体防护用具	（265）进入粉尘爆炸危险场所应穿防静电服装，禁止穿化纤材料制作的衣服，工作时必须佩戴防尘口罩和护耳器	
12.5.3	确保实验室粉尘浓度在爆炸限以下，并配备灭火装置	（266）粉尘浓度较高的场所，适当配备加湿装置，并配备合适的灭火装置	
13	特种设备与常规冷热设备		
13.1	起重类设备		
13.1.1	达到《特种设备目录》中起重机械指标的起重设备须取得特种设备使用登记证	（267）额定起重量大于或者等于0.5 t的升降机；额定起重量大于或者等于3 t（或额定起重力矩大于或者等于40 t·m的塔式起重机，或生产率大于或者等于300 t/h的装卸桥），且提升高度大于或者等于2 m的起重机；层数大于或者等于2层的机械式停车设备，须取得特种设备使用登记证	
13.1.2	起重机械作业人员、检验单位须有相关资质	（268）起重机指挥、起重机司机须取得相应的特种设备安全管理和作业人员证，持证上岗，并每4年复审1次。 （269）委托有资质的单位进行定期检验，并将定期检验合格证置于特种设备的显著位置	
13.1.3	起重机械须定期保养，设置警示标识，安装防护设施	（270）在用起重机械至少每月进行1次日常维护保养和自行检查，并做记录。 （271）制定安全操作规程，并在周边醒目位置张贴警示标识，有必要的安全距离和防护措施。 （272）起重设备声光报警正常，室内起重设备应标有运行通道。 （273）废弃不用的起重机械应及时拆除	

续表

序号	检查项目	检查要点	情况记录
13.2	压力容器		
13.2.1	压力容器使用登记、相关人员资格	(274)盛装气体或者液体,承载一定压力的密闭设备,其范围规定为最高工作压力大于或者等于0.1 MPa(表压)的气体、液化气体和最高工作温度高于或者等于标准沸点的液体、容积大于或者等于30 L且内直径(非圆形截面指截面内边界最大几何尺寸)大于或者等于150 mm的固定式容器和移动式容器,以及氧舱,须取得特种设备使用登记证。设备铭牌上标明为简单压力容器无须办理(气瓶的安全检查要点见"9.6 实验室气体管理")。 (275)快开门式压力容器操作人员、移动式压力容器充装人员、氧舱维护保养人员、特种设备安全管理员应取得相应的特种设备安全管理和作业人员证,持证上岗,并每4年复审1次	
13.2.2	压力容器定期检验	(276)委托有资质单位进行定期检验,并将定期检验合格证置于特种设备的显著位置。 (277)安全阀或压力表等附件须委托有资质的单位定期校验或检定	
13.2.3	压力容器使用管理	(278)设置安全管理机构,配备安全管理负责人、安全管理人员和作业人员,建立各项安全管理制度,制定操作规程。 (279)实验室应经常巡回检查,发现异常及时处理,并做记录。 (280)建立压力容器自行检查制度,对压力容器本体及其安全附件、装卸附件安全保护装置、测量调控装置、附属仪器仪表进行经常性维护保养,每月至少进行1次月度检查,每年至少进行1次年度检查,并做记录。 (281)简单压力容器也应建立设备安全管理档案。 (282)盛装可燃、爆炸性气体的压力容器,其电气设施应防爆,电器开关和熔断器都应设置在明显位置。室外放置大型气罐应注意防雷	

附 录　高等学校实验室安全检查项目表(2024 年)

续表

序号	检查项目	检查要点	情况记录
13.2.4	压力容器的使用年限及报废	(283)达到设计使用年限的压力容器应及时报废(未规定设计使用年限,但是使用超过20年的压力容器视为达到使用年限),如若超期使用必须进行检验和安全评估	
13.3	场(厂)内专用机动车辆		
13.3.1	场(厂)内专用机动车辆须取得特种设备使用登记证	(284)校园内使用的专用机动车辆须取得特种设备使用登记证	
13.3.2	作业人员取得相应的特种设备安全管理和作业人员证,持证上岗	(285)作业人员取得相应的特种设备安全管理和作业人员证,证书在有效期内	
13.3.3	委托有资质的单位进行定期检验	(286)合格证在有效期内	
13.4	加热及制冷装置管理		
13.4.1	贮存危险化学品的冰箱满足防爆要求	(287)贮存危险化学品的冰箱应为防爆冰箱或经过防爆改造的冰箱,并在冰箱门上注明是否防爆	
13.4.2	冰箱内存放的物品须标识明确,试剂必须可靠密封	(288)标识至少包括名称、使用人、日期等,并经常清理。 (289)实验室冰箱中试剂瓶螺口拧紧,无开口容器,不得放置非实验用食品、药品。超低温冰箱门上有储物分区标识,置于走廊等区域的超低温冰箱须上锁	
13.4.3	冰箱、烘箱、电阻炉的使用满足使用期间和空间等要求	(290)冰箱不超期使用(一般使用期限控制为10年),如超期使用须经审批。 (291)冰箱周围留出足够空间,周围不堆放杂物,不影响散热。 (292)烘箱、电阻炉不超期使用(一般使用期限控制为12年),如超期使用须经审批。 (293)加热设备应放置在通风干燥处,不直接放置在木桌、木板等易燃物品上,周围有一定的散热空间,设备旁不能放置易燃易爆化学品、气瓶、冰箱、杂物等,应远离配电箱、插座、接线板等设备	

续表

序号	检查项目	检查要点	情况记录
13.4.4	烘箱、电阻炉等加热设备须制定安全操作规程	(294)加热设备周边醒目位置张贴有高温警示标志,并有必要的防护措施,张贴有安全操作规程、警示标志。 (295)烘箱等加热设备内不准烘烤易燃易爆试剂及易燃物品。 (296)不得使用塑料筐等易燃容器盛放实验物品在烘箱等加热设备内烘烤。 (297)使用烘箱完毕,清理物品、切断电源,确认其冷却至安全温度后方能离开。 (298)使用电阻炉等明火设备时有人值守。 (299)使用加热设备时,温度较高的实验须有人值守或有实时监控措施	
13.4.5	使用明火电炉或者电吹风须有安全防范举措	(300)涉及化学品的实验室不使用明火电炉。如必须使用,须有安全防范措施。 (301)不使用明火电炉加热易燃易爆试剂。 (302)明火电炉、电吹风、电热枪等用毕,须及时拔除电源插头。 (303)不可用纸质、木质等材料自制红外灯烘箱	

参考文献

[1] 袁俊斋,田廷科,马国杰. 医学院校实验室安全准入教程[M]. 西安:西安交通大学出版社,2023.

[2] 艾德生.《高等学校实验室安全检查项目表》要点解读[M]. 北京:中国海洋大学出版社,2024.

[3] 乔亏,汪家军,付荣. 高校化学实验室安全教育手册[M]. 青岛:中国海洋大学出版社,2018.

[4] 马丽萍,曾向东,黄小凤,等. 实验室废物处置处理与管理[M]. 北京:化学工业出版社,2020.

[5] 徐善东. 医学与医学生物学实验室安全[M]. 3版. 北京:北京大学医学出版社,2019.

[6] 王强,张才. 高校实验室安全准入教育[M]. 南京:南京大学出版社,2019.

[7] 冯建跃. 实验室安全工作参考手册[M]. 北京:中国轻工业出版社,2020.

[8] 邱丰,张红. 实验室生物安全基本要求与操作指南[M]. 北京:科学技术文献出版社,2020.